# Münster



Matthias Eickhoff

# Inhalt

# Das Beste zu Beginn

**Mittelalterliches Flair**
Der kopfsteingepflasterte mittelalterliche Prinzipalmarkt ist Münsters ›gute Stube‹: ein Idyll aus prächtigen Giebelhäusern, dessen schönstes das historische Rathaus mit dem Friedenssaal ist. Abgerundet wird das stimmungsvolle Ambiente durch den hohen schlanken Turm der Lambertikirche mit seinen drei Täuferkäfigen.

---

**Dom, Schloss und Adelshöfe**
Vom Prinzipalmarkt sind es nur wenige Schritte zum spätromanischen Dom mit seiner kuriosen astronomischen Uhr. Zu den schönsten Adelshöfen zählt das Bischöfliche Palais am Dom sowie der Erbdrostenhof in der östlichen Altstadt. Das Schloss ist heute Sitz der Uni-Verwaltung.

---

**Grüner Promenadenring**
Einst sollten hier die ›störenden‹ Radfahrer:innen aus dem Straßenverkehr verschwinden. Heute ist der grüne Gürtel rund um die Altstadt eine der wichtigsten autofreien Verkehrsadern der Stadt. Genießen Sie einen Bummel oder eine Radtour über die 4,5 km lange Allee im Schatten von 2000 mächtigen Linden.

---

**Bummeln am See**
Sie wollen ans Wasser, Skulpturen bewundern und dann noch in den Zoo? In Münster können Sie dies bequem am 40 ha großen Aasee machen, der sich von der Promenade nach Südwesten erstreckt. Entlang des Ufers befinden sich sehenswerte Skulpturen und mit dem Freilichtmuseum und dem Allwetterzoo schöne Ausflugsziele.

**Skulpturen in der Stadt**
Fünf international hochkarätig besetzte Skulpturenausstellungen haben seit 1977 in Münster ihre Spuren hinterlassen. Dutzende Skulpturen bereichern heute den öffentlichen Raum, von rotierenden Quadraten über rote Kirschen auf Sandsteinsäulen bis hin zu den berühmten Aaseekugeln.

**Neues Hafenleben**
Münsters Stadthafen hat sich in den letzten 20 Jahren dramatisch gewandelt – Frachtschiffe ankern hier nicht mehr, dafür treffen Sie auf einen bunten Mix aus umgebauten Speichern, modernen Büros, Café-Terrassen, Klubs, Ateliers, Theater und sogar einer Käserei. Noch ist die Umwandlung nicht abgeschlossen, was unter dem Stichwort Gentrifizierung auch Probleme mit sich bringt.

---

**Westfalenschmaus**
Die westfälische Küche ist deftig und fleischhaltig. Die Gaststätten bieten Gerichte wie Töttchen, Wurstebrot oder Pfefferpotthast an, dazu schwarzes Pumpernickel-Brot, luftgetrockneten Schinken sowie Spargel. Beliebt ist das heimische Pinkus-Bier aus der letzten Altbierbrauerei der Stadt. Und zum Abschluss gibt es westfälischen Korn. Durch die Studierenden hat sich das kulinarische Angebot aber natürlich sehr weit aufgefächert.

---

**Leezen-Tour**
Wer in Münster ist, sollten sich auf die ›Leeze‹ schwingen. Die Fahrradhauptstadt Deutschlands bietet viele Ausflüge an, von einer Runde auf der Promenade über eine Stadtrandtour an die Werse, in die Rieselfelder oder zur Burg Hülshoff bis zu längeren Touren in das Land der Wasserburgen und Wasserschlösser.

**Spannung pur**
Von wegen beschauliches Münster. Ob als Fernseh-Krimi oder in Buchform – Münster ist längst eine ausgewiesene Krimi-Metropole geworden. Folgen Sie den Spuren von Wilsberg, Thiel, Boerne & Co. durch die Stadt oder schmökern Sie in Ruhe in der angesagten Krimi-Literatur.

---

Münster ist weit mehr als die Postkartenidylle auf dem Prinzipalmarkt. Das liegt vor allem an den Studierenden. Sie verjüngen die Stadt immer wieder.

## Fragen? Erfahrungen? Ideen?

Ich freue mich auf Post.

*Mein Postfach bei DuMont:*
*m.eickhoff@dumontreise.de*

# Das ist Münster

In Münster ist man Lob gewohnt. Die Stadt galt sogar schon als »lebenswerteste Stadt der Welt«. Die 320 000 Einwohner:innen freuen sich über den Mix aus historischer Postkartenidylle und zeitgenössischen Akzenten, aus studentischer Dynamik und Traditionsbewusstsein, aus großstädtischem City-Leben und ländlicher Umgebung. Trotz des enormen Wachstums bleibt die Stadt weiterhin ›im Grünen‹. Selbst zu Fuß ist man von der Altstadt schnell am Aasee. Und auch die grüne Parklandschaft des Münsterlandes und die Wasserburgen sind nicht weit weg.

## Uni und Studentenleben

Münster ist eine junge Stadt mit rund 65 000 Studierenden an der Universität Münster sowie den zehn weiteren Hochschulen. Allein die Uni bietet ihren 45 000 Studierenden (darunter 3600 ausländischen) in 120 Studienfächern mehr als 280 Studiengänge. Weil es in Münster keinen zentralen Campus gibt, verteilen sich die Lehr- und Forschungsgebäude vom Domplatz aus vor allem im Westen der Stadt. Ohne Studierende wäre Münster heute gar nicht mehr vorstellbar.

## Fahrradhauptstadt

Schon die Zahlen an sich beeindrucken: Die Münsteraner:innen besitzen rund eine halbe Million Drahtesel und sind rund 400 000 Mal pro Tag auf ihrer ›Leeze‹ unterwegs. Damit hat der Radverkehr den größten Anteil am städtischen Verkehr. Es gibt sogar vier Fahrradparkhäuser. Besonderes Highlight ist es, auf dem Rad die schöne Promenade rund um die Altstadt zu befahren. Münster wurde daher mehrfach zur fahrradfreundlichsten Stadt Deutschlands gekürt.

## Wilsberg, Tatort & Co.

Auch in Film und Fernsehen müssen die Protagonisten natürlich aufs Rad, um authentisch zu bleiben. Privatdetektiv Georg Wilsberg und Hauptkommissar Frank Thiel klären regelmäßig mysteriöse oder skurrile Mordfälle auf. Bei ZDF und ARD gehören die beiden Krimireihen zu den beliebtesten Sendungen und haben Münster im Fernsehen einen Stammplatz verschafft (► S. 76).

## Skulpturen-Metropole

Seit 1977 finden alle zehn Jahre internationale Skulpturenausstellungen statt. Diese Großevents haben die Stadt verändert, denn die Künstler:innen dürfen sich bei den »Skulptur Projekten Münster« den Ort ihrer Installation selbst aussuchen. Nicht wenige rückten Gebäude wie den Zwinger, eine ehemalige Tankstelle oder sogar eine Toilette in ein neues Licht. Im Laufe der Jahrzehnte haben international renommierte Bildhauer wie Eduardo Chillida, Henry Moore, Gerhard Richter und Ilya Kabakov in Münster ihre Arbeiten dauerhaft hinterlassen. Mehr als 60 Skulpturen sind allein in einer entsprechenden Broschüre der Stadt aufgeführt.

*Münsters Schloss ist heute das Herzstück der Uni.*

## Wiedertäufer

Hoch am Turm der Lambertikirche hängen noch immer die drei Käfige, in denen 1536 die Leichen von Jan van Leiden, Bernd Knipperdollinck und Bernd Krechting zur Abschreckung ausgestellt wurden. Was war im so katholischen Münster geschehen? Aufgerüttelt vom wortgewaltigen Prediger Bernhard Rothmann setzte sich in Münster 1532/33 die Reformation durch, was auch Bischof Franz von Waldeck vertraglich zunächst akzeptierte. Doch innerhalb eines Jahres radikalisierten sich Rothmann und die Bürgerschaft weiter, bis 1534 die Täufer die Mehrheit im Rat errangen. Der holländische Prophet Jan Matthys sah in Münster das »Neue Jerusalem«, es kam zu Bilderstürmen, Andersgläubige wurden vertrieben. Nach Matthys Tod machte sich Jan Bockelson, genannt Jan van Leiden, zum König des Täuferreichs. Er setzte seine Herrschaft rigoros durch, doch 1535 konnte der Bischof die ausgehungerte Stadt schließlich durch Verrat erobern. Die drei führenden Wiedertäufer wurden am 22. Januar 1536 auf dem Prinzipalmarkt vor dem Rathaus zunächst gefoltert und dann hingerichtet.

## Masematte

Münster hat eine sprachliche Besonderheit: In der zweiten Hälfte des 19. Jh. entwickelte sich in den Arbeiter- und Handwerkervierteln eine Subkultur mit eigener Geheimsprache: Masematte. Aber auch Wanderhändler bedienten sich dieser Mischung aus Jiddisch und Rotwelsch, um untereinander offen reden zu können. Als Umgangssprache ist Masematte ausgestorben, doch manche Wörter sind in den Alltagsgebrauch übergegangen: ›jovel‹ bedeutet gut, ›schovel‹ schlecht oder gemein. Am Wochenende gehen die Münsteraner:innen ›schwofen‹ (tanzen) und gerne nutzen sie ihre ›Leeze‹ (Fahrrad).

# Münster in Zahlen

**1**
**Türmerin wacht hoch oben in der Lambertikirche.**

**3**
**Wiedertäufer-Käfige hängen an der Lambertikirche.**

**4,5**
**Kilometer lang ist der grüne Promenadengürtel rund um die Altstadt.**

**37**
**Porträts von Monarchen und Gesandten, die am Westfälischen Frieden 1648 beteiligt waren, hängen im Friedenssaal des Rathauses.**

**40**
**Hektar groß ist die Fläche des Aasees.**

**48**
**Kilogramm schwer ist die nichtmagnetische Metallkugel des Foucaultschen Pendels von Gerhard Richter, die in der ehemaligen Dominikanerkirche über einer gewölbten Platte aus Grauwacke schwebt.**

**64**
**Skulpturen erläutert der städtische »Skulpturenführer«.**

**200**
**Vogelarten steuern die Rieselfelder an.**

**303**
**Quadratkilometer ist Münster groß.**

**5700**
**Stellplätze gibt es in den vier Fahrradparkhäusern.**

8000
**Pflanzenarten wachsen im Botanischen Garten.**

*65 000*
**Studierende sind an Münsters Hochschulen eingeschrieben und machen etwa 20 % der Bevölkerung aus.**

500 000
**Fahrräder gibt es hier.**

*600 000*
**Gäste besuchten 2022 den Allwetterzoo.**

6 100 000
**Bände stehen in der Universitätsbibliothek.**

*14 560 000*
**Zuschauer sahen 2017 den Münster-Tatort »Fangschuss«. Rekord!**

6
**Münster-Krimis laufen im Schnitt pro Jahr im TV: 4x Wilsberg, 2x Tatort.**

# Was ist wo?

Münsters Innenstadt ist kompakt und überschaubar. Vom Hauptbahnhof im Osten bis zum Schloss im Westen sind es quer durch die Altstadt nur zwei Kilometer, sodass man zu Fuß oder per Rad alle zentralen Ziele schnell und bequem erreicht.

## Promenade

Egal aus welcher Richtung man nach Münster kommt – wer in die Altstadt will, muss die Promenade (Karte 2, D–F 2–4) überqueren. Der von rund 2000 Linden gesäumte Grüngürtel der ehemaligen Wallanlagen umschließt die Altstadt. Die Promenaden-Allee ist durchgängig als Rad- und Fußweg ausgebaut und unterstreicht so Münsters Ruf als Fahrradhauptstadt.
Von der Promenade aus führen viele Wege in die Altstadt, knapp außerhalb des Rings liegen der Hauptbahnhof im Osten, das Kreuzviertel im Norden, das Schloss mit dem Sitz der Universität und dem Botanischen Garten im Westen sowie der Aasee im Südwesten.

## Prinzipalmarkt und Domplatz

Innerhalb des Promenadenrings lockt die historische Altstadt mit dem malerischen Prinzipalmarkt, Münsters ›guter Stube‹ (Karte 2, E/F 3). Hier befinden sich im Zentrum der Kaufmannsstadt das mittelalterliche Rathaus mit dem Friedenssaal sowie die filigrane Lambertikirche mit den berühmten Wiedertäufer-Käfigen. Typisch für den Prinzipalmarkt sind die Patrizierhäuser mit ihren Arkadengängen. Von hier aus umschließt ein hufeisenförmiger Straßenring zum Aegidiimarkt im Süden und zum Spiekerhof im Norden die ehemalige Dom-Immunität.
Vom Prinzipalmarkt sind es nur wenige Schritte zum Domplatz mit dem spätromanischen St.-Paulus-Dom, dem geistigen Zentrum des Bistums Münster. Die Wochenmärkte auf dem Platz locken Gäste aus dem ganzen Münsterland und den benachbarten Niederlanden an. Am Domplatz befindet sich auch das zentrale und renommierte LWL-Museum für Kunst und Kultur.

## Altstadtviertel

Rund um den Prinzipalmarkt und den Domplatz schließen sich die Altstadtviertel an. Im Süden ist an der Königsstraße das hervorragende Kunstmuseum Pablo Picasso (Karte 2, E/F 3) beheimatet. Parallel verläuft die Shoppingmeile Ludgeristraße (Karte 2, F 3/4). Im Osten führt die Fußgängerzone Salzstraße (Karte 2, F 3) zum Foucault'schen Pendel von Gerhard Richter in der ehemaligen Dominikanerkirche sowie zum barocken Erbdrostenhof und zur Clemenskirche, zwei der schönsten Bauwerke des Architekten Johann Conrad Schlaun.
Im Norden liegt mit dem Martiniviertel (Karte 2, F 2/3) ein eher ruhiges Viertel mit Restaurants, Cafés und dem Theater Münster, während sich im Nordwesten das Kuhviertel (Karte 2, E 2/3) mit seiner bunte Kneipenszene befindet. In der westlichen Altstadt dominiert zwischen Dom und Schloss das Unileben.

## Schloss und Schlossgarten

Das ehemals fürstbischöfliche Residenzschloss (Karte 2, D 3) westlich der Altstadt verschafft der Uni eine repräsentative Adresse. Hinter dem Schloss ist der idyllische Landschaftspark des Schlossgartens für seinen hervorragenden Botanischen Garten bekannt.

## Aasee und Allwetterzoo

Südwestlich der Promenade führt der knapp 2,5 km lange Aasee aus dem Zentrum der Stadt hinaus ins Grüne zum

bekannten Allwetterzoo, zum LWL-Naturkundemuseum mit Planetarium sowie zum Freilichtmuseum Mühlenhof (🗺 B–D 4–6).
Im Sommer tummeln sich Segler sowie Ausflügler in Ruder- und Tretbooten auf dem See, während die Uferwiesen gerne zum Picknick genutzt werden und Spaziergänger wie Jogger den See umrunden. Mehrere Cafés und Restaurants laden zur Pause mit Seeblick ein.

## Hafen

Südöstlich des Hauptbahnhofs hat sich der ehemalige Münsteraner Stadthafen (🗺 G/H 5) am Dortmund-Ems-Kanal unter dem plakativen Begriff ›Kreativkai‹ in eine Ausgehmeile verwandelt: Theater, Kinos, Ateliers, Cafés und Restaurants teilen sich das angesagte Revier mit Büros und Fitnessstudios. Auch das Messe- und Kongresszentrum ›MCC Halle Münsterland‹ sowie der alternative Kultur- und Veranstaltungs-Treffpunkt ›Am Hawerkamp‹ sind im weitläufigen Hafenareal angesiedelt, dessen Umgestaltung noch lange nicht abgeschlossen ist.

## Stadtrand

Münster ist umgeben von der reizvollen Münsterländer Parklandschaft, die sich am besten mit der ›Leeze‹ (Fahrrad) auf einer ›Pättkestour‹ erkunden lässt. Am Stadtrand finden sich viele attraktive Naherholungsgebiete: Im Norden ist das Vogelschutzreservat Rieselfelder von internationaler Bedeutung. Im Osten bietet der Wasserlauf der Werse mit seinen Auwäldern viel Auslauf für Paddler, Radler und Spaziergänger. Und im Süden locken die waldreiche Hohe Ward und das Venner Moor zu erholsamen Spaziergängen (🗺 Karte 3).

## Burgentour

Münster und das Münsterland sind für ihre malerischen Wasserburgen bekannt. Am westlichen Stadtrand führen die Wasserburg Hülshoff und das barocke Rüschhaus u. a. in die Welt der Dichterin Annette von Droste-Hülshoff. Etwas weiter entfernt liegen nach Süden hin das prächtige ›Westfälische Versailles‹ in Nordkirchen sowie die malerische Burg Vischering in Lüdinghausen (🗺 Karte 3).

# Malerische Altstadt

**Möchten Sie das historische Flair der Altstadt genießen? Der Lambertikirchplatz unmittelbar am Prinzipalmarkt ist perfekt für eine relaxte Kaffeepause. Hier lassen sich die wieder aufgebauten Patrizierhäuser mit ihren prächtigen Giebeln vor dem Hintergrund der mächtig aufragenden Lambertikirche bewundern – Idylle pur!**

# Grüne Lunge

**Einfach mal im Herzen von Münster ausspannen? Am Aasee kein Problem. An schönen Tagen füllen sich die Wiesen schnell mit sonnenhungrigen jungen Leuten. Die Billardkugeln von Claes Oldenburg sind ein Wahrzeichen der Stadt geworden und Teil des Skulpturen-Parks am Aasee-Ufer.**

# Partymeile am Wasser

**Am Hafen wandelt sich Münster rasant. Statt Industrie und Getreidehandel dominieren heute Cafés und Nightlife die unteren Etagen der zu Büros umgebauten ehemaligen Speicher – und der Wandel ist noch längst nicht abgeschlossen. Vor allem an lauen Sommerabenden – wie hier beim Hafenfest – zieht es die Münsteraner:innen ans Wasser.**

BRINKHOFF'S
König Pilsener
König Pilsener
König Pilsener
König Pilsener
MÖVENPICK

# Ihr Münster-Kompass

# 4
Bummeln und Shoppen – **die südliche Altstadt**
# 5
Schlaun, Synagoge, Stadtgeschichte – **die östliche Altstadt**
MÜNSTERS EINKAUFS-WELTEN
Von mittelalterlichen Kirchen und modernen Synagogen
# 6
Kultur, Kneipen und Kiepenkerl – **die nördliche Altstadt**
Aber bitte mit Sahne
UNILEBEN GEFÄLLT IMMER
# 7
Studentisches Leben ›über Wasser‹ – **vom Dom zum Schloss**
4,5 km GRÜN
# 8
Grünes Juwel der Stadt – **die Promenade**
VERLIEBTE SCHWANENDAME
# 9
Moderne Kunst am Wasser – **Skulpturenpfad am Aasee**
Vorsicht: Dinos
# 11
Charme der Gründerzeit – **das Kreuzviertel**
# 10
Familienattraktionen im Grünen – **rund um den Allwetterzoo**

# Münsters ›gute Stube‹ – der Prinzipalmarkt

**Auf dem Prinzipalmarkt schlägt das Herz der Westfalenmetropole: Die filigrane Fassade des historischen Rathauses, die prächtigen Patrizierhäuser mit ihren schicken Schaugiebeln, die charakteristischen Bogengänge sowie der mächtig aufragende Kirchturm von St. Lamberti geben dem mittelalterlichen Straßenzug reichlich Flair. Ein Highlight ist der Besuch des geschichtsträchtigen Friedenssaals.**

Der fotogene Straßenzug gilt als die ›gute Stube‹ der Stadt. Unter den Arkaden befinden sich einige der exklusivsten Geschäfte. Und einige Straßencafés sorgen für angenehme Entspannung. Dass Einheimische wie Besucher:innen heute noch das mittelalterliche Kaufmanns-Ensemble bewundern können, liegt an der wegweisenden Entscheidung, den historischen Straßenzug nach

*Typisch für den Prinzipalmarkt: die stimmungsvollen Bogengänge*

der fast vollständigen Zerstörung im Zweiten Weltkrieg wenigstens in vereinfachter Form wieder aufzubauen.

## Zentrum der Bürgerstadt

Schon im 10. Jh. hatten Kaufleute begonnen, sich östlich der Domburg anzusiedeln. Ab dem 12. Jh. wurde der Prinzipalmarkt im Zuge der Stadtwerdung zum Wohnort der wichtigsten Patrizier und Kaufmänner.

Durch den Bau des Rathauses sowie der Lambertikirche entwickelte sich nur wenige Schritte vom St.-Paulus-Dom und dem Sitz des Bischofs eine zweite Machtzentrale, was im Laufe der Jahrhunderte immer wieder für Konflikte sorgen sollte.

## Selbstbewusstes Machtsymbol

Kein Gebäude dokumentiert den Stolz und den Aufstieg der Münsteraner Bürgerschaft mehr als das historische **Rathaus** 1 mit seiner gotischen Prachtfassade über den markanten Bogengängen. Die Fassade sowie die große Bürgerhalle wurden im 14. Jh. errichtet, als Münster auf dem Weg war, zur führenden Hansestadt Westfalens zu werden. Die selbstbewusste Bürgerschaft setzte hier ein eindrucksvolles Ausrufezeichen, um die wirtschaftliche Blüte Münsters zu dokumentieren. Heute befindet sich in der Bürgerhalle eine Zweigstelle der Touristeninformation, über der Bürgerhalle tagt der Stadtrat. An einer Säule der Bogengänge wurden nach dem Zweiten Weltkrieg übrigens die Gesichter der drei führenden Wiedertäufer verewigt (s. u.).

## Friedensschluss im Rathaus

Hinter der Bürgerhalle verbirgt sich der älteste Teil des Rathauses, der **Friedenssaal**. Der als Ratskammer erbaute Saal entstand wohl bereits an der Wende zum 13. Jh. Er beeindruckt heute durch die kunstvolle Holzvertäfelung aus dem 16. Jh., die von dem Münsteraner Künstler Hermann tom Ring stammt. Hinter dem massiven Richtertisch und der Bürgermeisterbank zur Linken befinden sich in der Holzwand 22 Wandschrankfächer.

Zur Rechten stehen die Gerichtsschranke sowie ein reich verzierter Kamin, der 1621 für das Krameramtshaus (▶ S. 41) erschaffen worden war. Vor dem Kamin ist der Goldene Hahn der

Im Turm der Lambertikirche 7, 75 m über dem Boden, ist Martje Saljé seit 2014 als Türmerin im Einsatz. Von Mittwoch bis Montag, von 21 bis 24 Uhr tutet sie alle halbe Stunde in ihr Horn: nach Süden, Westen und Norden. So schützt die gelernte Musikwissenschaftlerin und Historikerin die Stadt vor Unheil. Münsters höchster Arbeitsplatz ist seit dem Großbrand 1383 urkundlich verbürgt. Das aktuelle Horn hält schon seit 1950.

*Rathaus*

Ehrenpokal der Stadt Münster, aus dem wichtige Gäste einen ordentlichen Schluck Wein zu sich nehmen dürfen. Die mumifizierte Hand hat einst wahrscheinlich zu einer ermordeten Person gehört und diente bei der Gerichtsverhandlung als Leibzeichen.

Oberhalb der geschnitzten Ratsbänke und neben dem Kamin verweisen die 37 Porträts der gewichtig dreinschauenden Personen auf den Westfälischen Frieden von 1648. In der oberen Reihe sind u. a. Kaiser Ferdinand III., der französische Sonnenkönig Ludwig XIV. im Kindesalter sowie der spanische König Philipp IV. zu sehen.

In der unteren Reihe ist ganz rechts der päpstliche Vermittler Fabio Chigi (sprich: Kiedschi) dargestellt. Chigi wurde 1655 als Alexander VII. selbst zum Papst. Er verpasste der Stadt den Ruf, »Heimat des Regens« zu sein. Andererseits sollen ihn die Bogengänge am Prinzipalmarkt zum Bau der Kolonnaden am Petersplatz inspiriert haben. Und vom Rathausgiebel schwärmte er, dieser scheine »fast den Himmel zu berühren«.

INFOS/ÖFFNUNGSZEITEN

**Rathaus-Bürgerhalle und Friedenssaal** 1: Prinzipalmarkt 10, Di–Fr 10–17, Sa/So 10–16 Uhr, Eintritt Friedenssaal: 2/1,50 €

---

KULINARISCHES FÜR ZWISCHENDRIN

Das **Stuhlmacher** ❶ (Prinzipalmarkt 6–7, T 0251 448 77, www.gasthaus-stuhlmacher.de, Mo–Do 11–23.30, Fr 11–0.30, Sa 10–0.30 Uhr, €–€€€) mit typisch westfälischer Küche ist eines der bekanntesten Traditionslokale der Stadt Münster. Tagsüber sitzen Sie auf der Terrasse im prallen Leben, abends dagegen ist die Atmosphäre richtig lauschig.
Auf dem Lambertikirchplatz ist die malerische Terrasse des Cafés **Il Panino** ❷ (Salzstr. 61, Mo–Sa ca. 10.30-19.30 Uhr, €) ein erholsamer Ort für Kaffee, Kuchen oder auch eine Pizza.

**Cityplan:** Karte 2, F 3 | **Anfahrt: Bus** Prinzipalmarkt, Altstadt/Bült, Klemensstraße

Doch die 1643 zeitgleich in Münster und Osnabrück begonnenen Friedensverhandlungen laufen zäh, weil man überhaupt nicht direkt miteinander verhandelt. Wie schwierig es war, verdeutlicht das Bonmot eines Gesandten: »Die Hölle ist leer, denn alle Teufel sind in Münster.«

Am 30. Januar 1648 ist es endlich soweit: Im Krameramtshaus unterzeichnen Spanien und die Niederlande ihren Friedensvertrag, der die Unabhängigkeit der Niederlande besiegelt. Am 15. Mai beschwören die Gesandten ihren Friedensschluss feierlich im Ratssaal, der so zum Friedenssaal wird. Auch die Schweiz kann sich ihre Unabhängigkeit sichern, die Reichsstände gewinnen an Bedeutung.

Münster verleiht alle zwei Jahre den Westfälischen Friedenspreis: in Gedenken an das Ende des Dreißigjährigen Krieg. Und wer gehört alles zu den Preisträgern? Unter anderem Kofi Annan, König Abdullah, Vaclav Havel, Daniel Barenboim und die Besatzung der Internationalen Raumstation (ISS = International Space Station)

## Prächtige Kaufmannshäuser

Das Rathaus ist eingerahmt von weiteren beeindruckenden Gebäuden. Das repräsentative **Stadtweinhaus** 2 stammt aus dem frühen 17. Jh., der Balkon dient bei offiziellen Anlässen als Festtribüne. Darüber ist das Stadtwappen an der Renaissancefassade angebracht. Das **Ostendorff-Haus** 3 ist ein markanter Vertreter eines spätgotischen Kaufmannshauses aus der Zeit um 1500, und am südlichen Ende des Prinzipalmarkts ist der **Stadthausturm** 4 mit einem Glockenspiel ausgestattet (► S. 41).

Hinter dem Rathaus errichtete der bekannte baskische Bildhauer Eduardo Chillida 1993

*Merkel, Klitschko, Grass und auch der Friedensnobelpreisträger Dalai Lama haben schon aus dem Goldenen Hahn im Friedenssaal des Rathauses getrunken.*

*Wacht über Münster: die Türmerin der Kirche St. Lamberti*

auf dem **Platz des Westfälischen Friedens** 5 seine Sitzbank-Skulptur »Toleranz durch Dialog«. Während der Adventszeit verwandelt sich der Platz – umgeben vom Nachkriegsbau des **Stadthauses I** 6 – in den zentralen Weihnachtsmarkt der Stadt.

## Lambertikirche

Am nördlichen Ende des Prinzipalmarkts dominiert am Lambertikirchplatz die schmucke gotische **Lambertikirche** 7 die Szenerie. Die wichtigste Stadtkirche hat viel erlebt: 1532/33 wurde hier Bernhard Rothmann zum lutherischen Reformator. Schon bald radikalisierte sich Rothmann und bereitete den Wiedertäufern (► S. 7) den Boden. Als der Bischof Münster zurückeroberte, ließ er deren hingerichtete Anführer 1536 zur Abschreckung in drei Käfigen am Lambertikirchturm aufhängen. 1987 installierte Lothar Baumgarten »Drei Irrlichter« als Skulpturprojekt in den Käfigen, die abends gut zu erkennen sind. 1941 hielt Bischof von Galen in der Lambertikirche eine mutige Rede gegen die Euthanasie-Morde der Nazis. Diese nahmen ihn dafür aber nicht fest.

Der jetzige, rund 90 m hohe neogotische Kirchturm entstand erst 1887–98. Am westlichen Eingang versah der Bildhauer zwei Apostel mit den Gesichtszügen von Goethe und Schiller. Der Prinzipalmarkt endet gegenüber mit dem einzigen Haus des gesamten Straßenzugs **Nr. 48** 8 (ehemals Café Kleimann) mit der Jahreszahl 1627, dessen Fassade den 2. Weltkrieg unbeschadet überstand.

### UM DIE ECKE

Wenn Sie Münster aus der Vogelperspektive sehen möchten, lockt im 11. und 12. Stock des **Stadthauses I** 6 seit 2019 ein ganz besonderes Angebot: Hoch über den Köpfen der Stadt bietet das integrative Café-Bistro **1648** 3 (► S. 46) leckeres Frühstück, Mo–Fr jeweils drei Mittagsmenüs sowie Kaffee und Kuchen. An schönen Tagen bietet sich von dort oben ein fantastischer Panoramablick über die Altstadt und das Schloss bis zu den Baumbergen im Westen – so erlebt man Münster sonst nie, im wahrsten Sinne des Wortes ein Höhepunkt!

# Im Herzen der Bischofsstadt – **der Domplatz**

**Keimzelle und religiöses Zentrum des Bistums ist der Münsteraner Domplatz. Der St.-Paulus-Dom birgt Kostbares wie die fast 500 Jahre alte Astronomische Uhr. Der bunte Wochenmarkt vor dem spätromanischen Sandstein-Dom ist ein beliebter Treffpunkt.**

Vom Prinzipalmarkt sind es über den Michaelisplatz oder die Domgasse nur wenige Schritte zum **Domplatz** 1 mit dem St.-Paulus-Dom.

## Keimzelle der Stadt

Der leicht erhöhte Bereich östlich des Flüsschens Aa sowie eine nahegelegene Furt boten Ende des 8. Jh. dem friesischen Missionar Liudger ideale Bedingungen für die Anlage eines Klosters im

*Spätromanische Eleganz: der St.-Paulus-Dom*

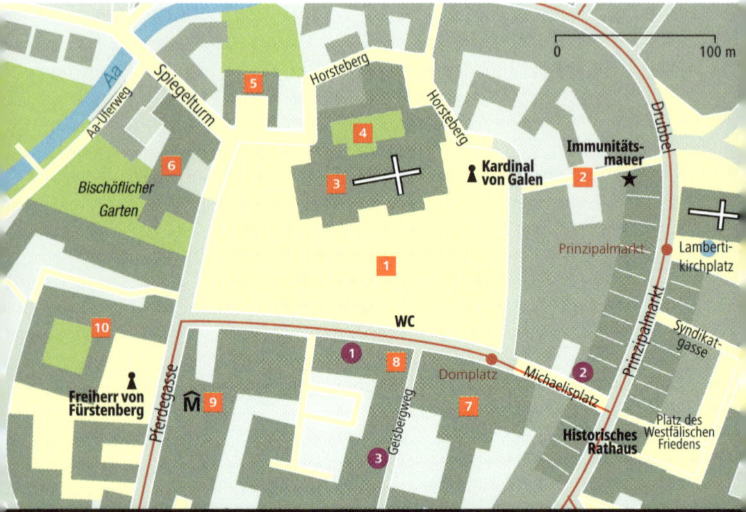

**Cityplan:** Karte 2, E/F 3 | Anfahrt: **Bus** Domplatz

INFOS/ÖFFNUNGSZEITEN

**St.-Paulus-Dom** 3: www.paulusdom.de; auch Führungen

KULINARISCHES FÜR ZWISCHENDRIN

An der Südseite des Domplatzes ist das **Marktcafé** ❶ (Domplatz 6–7, T 0251 484 23 00, www.marktcafe-ms.de, Mo–Fr 9–23, Sa 8–1, So 10–21 Uhr, €), eine Mischung aus Kaffeehaus und Bistro, eine Institution. Hinten wie vorn laden große Terrassen zum Entspannen ein.

Eine Alternative ist die **Boulangerie Pain et Gâteau** ❷ (Michaelisplatz 9, T 0251 13 32 20, www.krimphove.de, Mo/Di, Do/Fr 8–18, Mi/Sa 7–18, So 8–17 Uhr, €) zwischen Rathaus und Domplatz.

Ein beliebter Szenetreff ist die Café-Bar **Fyal Central** ❸ (Geisbergweg 8, T 0251 703 63 63, www.fyalcentral.de, Mo–Do 10–23, Fr/Sa 10–24, So 12–18 Uhr, €) in der ehemaligen Remise der Dompropstei (1724) zwischen Post und Bezirksregierung.

sächsischen Mimigernaford, der Vorläufersiedlung von Münster.

Nach der Erhebung zum Bischofssitz im Jahr 805 entstanden hier auch ein erster Dom sowie eine umfriedete Siedlung. Doch nach der Zerstörung der Stadt 1121 zogen alle Kaufleute und Handwerker aus dem Dombereich in die neue Kaufmannssiedlung um. Den Dombezirk als eigenständiger Stadtbereich umgab sogar eine Immunitätsmauer. Ein letztes Stück der Mauer aus dem späten 13. Jh. ist in der **Domgasse** 2 erhalten geblieben.

## Spätromanische Bischofskirche

Unbestrittener Mittelpunkt des Domplatzes ist der **St.-Paulus-Dom** 3, 1264 in spätromanischer Form geweiht. Der helle Baumberger Sandstein strahlt seit einer Grundsanierung 2013 wieder in altem Glanz und verleiht der größten Kirche Westfalens viel Charme. Seit dem Zweiten Weltkrieg betritt man den Dom durch das reich verzierte gotische Paradies auf der Südseite. Im Inneren thront Jesus über dem Eingang zum Dom, darunter wacht Schutzpatron Paulus mit dem Schwert. Zu sehen sind auch zehn Apostelfiguren. Während der Paulus um 1540 entstand, stammen Christus und die Apostel schon aus der 1. Hälfte des 13. Jh.

Im Kircheninneren setzen Sie sich am besten zunächst auf das Chorgestühl aus dem 16. Jh. zur Linken, wo einst der Haupteingang war, und lassen den Dom auf sich wirken. Der barocke Hochaltar von Gerhard Gröninger (1619–22) stand ursprünglich im Hochchor.

Beim Rundgang durch die Kirche sind u. a. die große Christophorus-Figur (1627) sowie die kunstvollen Epitaphe aus dem 16. und 17. Jh. bemerkenswert. Sie sind an den Seitenwänden und den massiven Säulen angebracht.

Besonders ins Auge fällt im Nordflügel des östlichen Querschiffs der Stephanus-Altar mit dem prächtigen Epitaph für den Domdechanten Heidenreich von Lethmathe, das um 1630 ebenfalls Gerhard Gröninger erschaffen hat.

Gegenüber im selben Querschiff befindet sich das ungewöhnliche Prunkgrab des Fürstbischofs Friedrich Christian von Plettenberg-Lenhausen

Ein wahres Kleinod im Dom ist die Astronomische Uhr von 1540/43 an der Südseite des Chors. Sie zeigt die Uhrzeit, die Monate, Jahreszeiten und die Sternenkonstellationen an. Die kleinen Monatsbilder malte der Münsteraner Ludger tom Ring. Die Uhr ist bis ins Jahr 2071 genau eingestellt – eine technische Meisterleistung! Zu jeder Viertelstunde schlägt oberhalb des Uhrwerks der Tod die Zeit. Und Chronos dreht seine Sanduhr um. Jeden Tag um 12 Uhr (sonntags 12.45 Uhr) lockt ein Glockenspiel mit den Drei Königen, Maria und Jesus die Besucher in den Dom.

*Der Dom: Zentrum des Bistums und der gesamten Altstadt*

*Unterhalb des Domplatzes gibt es eine Rarität: Die öffentliche WC-Anlage gegenüber der Post hat Hans-Peter Feldmann 2007 im Rahmen der »Skulptur Projekte« völlig umgestaltet und als Kunstwerk aufgewertet.*

(1644–1706) mit Uhr. Auf den Fürstbischof geht u. a. der Bau von Schloss Nordkirchen (► S. 81) zurück. Im gegenüberliegenden Südflügel des Querschiffs ist die Orgel untergebracht.

Im Chorumgang ist in den vier Kapellen u. a. Kardinal Clemens August von Galen beerdigt, der 2005 seliggesprochen wurde, der 1941 mit seiner Rede gegen die Euthanasie-Opfer der Nazis für Aufsehen sorgte. Gleich nebenan erhielt Fürstbischof Christoph Bernhard von Galen von Johann Mauritz Gröninger ebenfalls ein Prunkgrab (1678).

## Domschätze

An der Nordseite des Doms erreicht man den stimmungsvollen Kreuzgang, der den **Domherrenfriedhof** 4 umschließt. Über den Kreuzgang wurde bis 2017 auch die Domkammer erreicht, die aber wegen baulicher Probleme geschlossen wurde. So sind insbesondere das prächtige Kopfreliquiar des hl. Paulus (11. Jh.) und der älteste Tragaltar des Doms (12./13. Jh.) derzeit nicht zu sehen. Bei Redaktionsschluss kündigte das Bistum bis 2026 einen Neubau des Diözesanmuseums hinter der Lambertikirche (► S. 41) an.

## Domplatz

Im 18. Jh. beherrschten stattliche Kurien der Domherren das Gelände rund um den St.-Paulus-Dom. An der Nordwestseite des St.-Paulus-Doms gewähren nur noch die ehemalige **Kettelersche Doppelkurie** 5 (1712–36, heute Dompfarramt) sowie das dreiflügelige **Bischöfliche Palais** 6 (1732, heute Wohnsitz des Bischofs und Sitz des Generalvikariats) einen Eindruck vom einstigen Aussehen des Domplatzes.

Die Preußen siedelten im 19. Jh. nach Übernahme der Provinz Westfalen viele staatliche und öffentliche Institutionen am Domplatz an. Mit der **Bezirksregierung** 7, der **Post** 8, dem **LWL-Museum für Kunst und Kultur** 9 (► S. 30) sowie dem universitären **Fürstenberghaus** 10 ist der Platz heute in eine kirchliche und eine weltliche Hälfte geteilt.

Neben dem bunten Markttreiben dient die weite Fläche des Domplatzes heute auch für Open-Air-Konzerte und für große Demonstrationen als Veranstaltungsort.

An drei Tagen bietet der Domplatz lebendiges Markttreiben inklusive Snacks und Kaffee. Das ist für die Münsteraner:innen pures Lebensgefühl. Mittwochs und samstags dauert der große Wochenmarkt von 7 bis 14.30 Uhr, freitags geht der kleinere Öko-Bauernmarkt von 12 bis 18 Uhr.

# Münsters Kunstschätze **– vom Landes- zum Picassomuseum**

**Das zentrale LWL-Museum für Kunst und Kultur schlägt mit seinen Meisterwerken einen beeindruckenden Bogen vom Mittelalter zur zeitgenössischen Kunst. Gleich nebenan ergänzt die adrette universitäre Museumszeile mit Archäologie-, Geo- und Bibelmuseum das Angebot. International renommiert ist das hervorragende Kunstmuseum Pablo Picasso Münster.**

Der **Domplatz** ist der beste Ausgangspunkt für einen Museumsrundgang. Im **Dom** 1 selbst ist insbesondere die Astronomische Uhr (▶ Kasten S. 27) ein sehenswertes Kunstwerk. Der Rundgang endet am **Prinzipalmarkt.**

*Nicht nur Paris und Barcelona: Picasso ist auch in Münster mit einem eigenen Museum präsent.*

## Westfälische Kunstschätze

Auf der Südseite des Domplatzes befindet sich ein kulturelles Flaggschiff für die gesamte Region: Der Neu- und Umbau des **LWL-Museums für Kunst und Kultur** 2 – in Münster besser bekannt als ›das Landesmuseum‹ – wurde nach Plänen von Volker Staab realisiert.

Thematisch führt der Rundgang zunächst in die Romanik: Das Bockhorster Triumphkreuz (Ende 12. Jh.), die ältesten Steinskulpturen Westfalens (Mauritzkirche Münster, 1070/80) oder aber das Soester Antependium (1170/80) als ältestes erhaltenes Altarbild nördlich der Alpen bilden nur einige der Highlights. Zu sehen sind auch kostbare Elfenbeinarbeiten sowie Glasmalereien.

Sehr passend ist in der Museumsspitze ein großes Fenster mit Blick auf den Dom. Präsentiert werden auch einige kunstvolle Werke der Bildhauerfamilie Brabender sowie der Malerfamilie tom Ring, die im 16. Jh. in Münster tätig

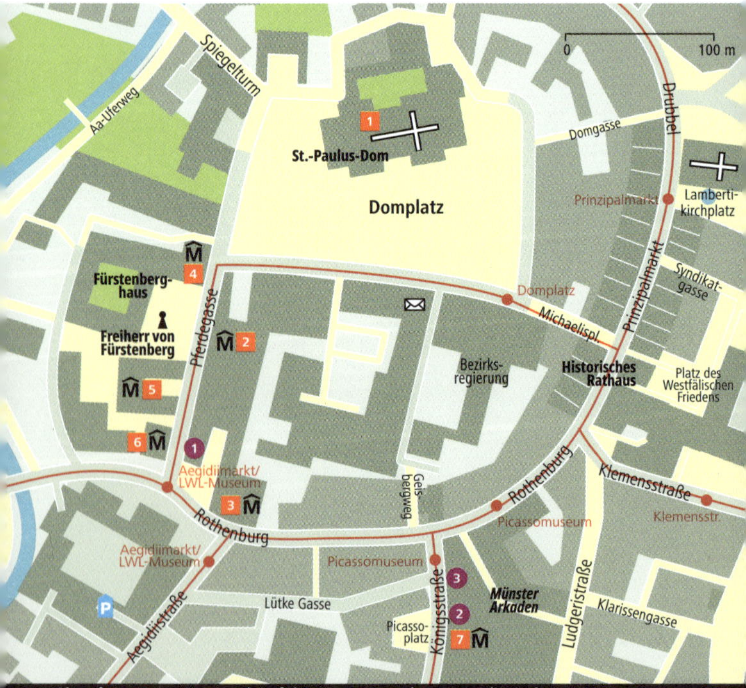

Das LWL-Museum würdigt besonders August Macke (1887–1914), dessen Archiv in Münster beheimatet ist. Der Expressionist aus dem Sauerland schuf ein stilprägendes Werk, darunter der »Sonnige Weg« (1913) sowie »Tunesisches Hafenbild« (1914). Gemeinsam mit Franz Marc malte er 1912 das großartige Wandbild »Paradies«.

**Cityplan:** Karte 2, E/F 3 | **Anfahrt: Bus** Domplatz, Aegidiimarkt/LWL-Museum waren. Im landesgeschichtlichen Bereich werden zudem die Täuferzeit und der Westfälische Frieden thematisiert.

Im denkmalgeschützten Altbau von 1908 beeindrucken Meisterwerke des frühen 20. Jh. von Macke (▶ S. 30), Munch, Pechstein, Kirchner, Max Ernst, Marc und Kandinsky. Ungewöhnlich sind die zeitgenössischen Werke des Licht-Künstlers Otto Piene (»Die Geschichte des Feuers« und die südliche Außenfassade des Museums), außerdem fallen Arbeiten von Serra, Scully, Warhol, Richter und die 2018 ins Museum gekommenen »Multiples« von Joseph Beuys ins Auge. An jedem zweiten Freitag im Monat gibt es lange Museumsabende – mit Rahmenprogramm und freiem Eintritt. Hochkarätig sind zudem die Sonderausstellungen.

An der Südseite des LWL-Museums schließt sich der **Westfälische Kunstverein** 3 mit zeitgenössischen Wechselausstellungen an.

Das LWL-Museum ist alle zehn Jahre im Sommer Schauplatz für internationale Skulpturprojekte (www.skulptur-projekte.de). Im Museum selbst befindet sich auch das Archiv der Skulpturprojekte. Die nächsten Skulpturprojekte sind für 2027 vorgesehen.

INFOS/ÖFFNUNGSZEITEN

**LWL-Museum für Kunst und Kultur** 2: Domplatz 10, T 0251 59 07 201, www.lwl-museum-kunst-kultur.de, Di–So 10–18 Uhr (an jedem zweiten Freitag im Monat 10–24 Uhr, dann ab 18 Uhr freier Eintritt), 9/4,50/0 € Di thematische, Sa/So Highlight-Führungen (s. Website)

**Westfälischer Kunstverein** 3: Rothenburg 30, T 0251 46 157, www.westfaelischer-kunstverein.de, bei Ausstellungen Mi–So 11–19 Uhr, 4/2 €

**Archäologiemuseum** 4: Domplatz 20–22, www.uni-muenster.de/archaeologischesmuseum, Di–So 10–18 Uhr, Eintritt frei

**Geomuseum** 5: Pferdegasse 3, www.uni-muenster.de/geomuseum, Di–So 10–18 Uhr, Eintritt frei

**Bibelmuseum** 6: Pferdegasse 1, www.uni-muenster.de/bibelmuseum, Di–So 10–18 Uhr, Eintritt ffrei

**Hinweis:** alle drei Uni-Museen an »Langen Freitagen« bis 22/24 Uhr geöffnet (s. LWL-Museum).

**Kunstmuseum Pablo Picasso Münster** 7: Picassoplatz 1, Münster Arkaden, T 0251 41 44 710, www.kunstmuseum-picasso-muenster.de, Di–So 10–18 Uhr, 12/10/5 €

KULINARISCHES FÜR ZWISCHENDRIN

Im LWL-Museum bietet das Café-Restaurant **Lux** 1 (Domplatz 10/Rothenburg, T 0251 98 16 10 30, www.das-lux.de, Di–Do, So 10–23, Fr–Sa 10–24 Uhr, Hauptgerichte €–€€€) in seinem hellen Ambiente mittags eine ansprechende Bistrokarte, Terrasse; abends gehobenere Küche.

Das ansprechende Picasso-Museumscafé **Monsieur P** 2 (Picassoplatz 1, Münster Arkaden, T 0251 414 47 30, www.bistro-monsieur-p.de, Di–Sa 9.30–18, So 11–17 Uhr, €) lädt zu Kaffee und Kuchen sowie sowie außer So zu kleinen Mittagsgerichten ein.

In den benachbarten Arkaden ist das **Pablo** 3 (Münster Arkaden, Ludgeristr. 100, T 0251 97 95 96 14, www.pablo-muenster.de, Mo–Sa 9–ca. 20 Uhr, €) ein künstlerisch gestaltetes, quirliges Café und Bistro.

*Lichtinstallationen wie diese haben Otto Piene berühmt gemacht.*

## Universitäre Museumszeile

In unmittelbarer Nachbarschaft präsentiert die Uni auf zwei Etagen im **Archäologiemuseum** 4 die Antike im Mittelmeerraum. Highlight ist eine 2500 Jahre alte Mumie mit reich bemaltem Sarkophag. Anschaulich sind die Modelle von Delphi und Athen. Wenige Meter weiter wurde in der barocken Landsberg'schen Kurie das **Geomuseum** 5 angesiedelt (s. links). Nebenan zeigt hingegen das **Bibelmuseum** 6 der Uni sehr zeitgemäß kostbare Bibeln, darunter eine Luther-Bibel von 1524 mit Illustrationen von Lucas Cranach d. Ä. Noch älter ist die Koberger Bibel von 1483. Eine Besonderheit ist zudem die fast 4000 Jahre alte sumerische Tontafel in Keilschrift.

Das 43 000 Jahre alte Skelett eines Wollhaar-Mammuts ist schon von außen der Hingucker in der 2023 erneuerten Ausstellung des Geomuseums. 14 Themenbereiche schlagen einen vielseitigen Bogen vom Urknall bis zur Mammutsteppe. Highlights sind auch die große Mineraliensammlung sowie die Reise in die Zeit, als das Münsterland von einem Meer bedeckt war.

## Pablo Picasso in Westfalen

Picasso in Münster? Aber ja! Das Sammlerpaar Jutta und Gert Huizinga brachte die international vollständigste lithografische Picasso-Sammlung in eine Stiftung ein und legte damit den Grundstock für dieses hervorragende Museum.

Im Jahre 2000 öffnete das **Kunstmuseum Pablo Picasso Münster** 7 hinter der klassizistischen Fassade des einstigen Druffel'schen Hofs (1784–88) an der Königsstraße seine Pforten und wurde in den Neubau der Münster Arkaden integriert.

Mittlerweile verfügt das Museum auch über hochkarätige Werke von Marc Chagall, Georges Braque, Henri Matisse und Joan Miró. Immer wieder gelingt es, mit erstklassigen Sonderausstellungen das Werk von Picasso und seiner Zeitgenossen aus den verschiedensten Blickwinkeln spannend zu beleuchten.

# Bummeln und Shoppen – **die südliche Altstadt**

**Schöne Adelshöfe an der Königsstraße, die filigrane Ludgerikirche am lauschigen Marienplatz sowie moderne Einkaufswelten an der Ludgeristraße und Stubengasse: Die südliche Altstadt bietet eine sehr attraktive Mischung aus Sightseeing, Einkaufsvergnügen und Entspannung.**

Vom **Prinzipalmarkt** 1 geht es die Rothenburg hinunter zur Königsstraße. Während zur Linken die **Münster Arkaden** 1 mit Buch-, Mode- und Elektrogeschäften sowie mit einem Biosupermarkt und Cafés ihre modernen Pforten öffnen, dominiert zur Rechten die prächtige Renaissancefassade des **Guldenarm-Hauses** 2 (1583) die

*Düsseldorf hat die Kö, Münster die mindestens so eleganten Bogengänge: Window-Shopping am Prinzipalmarkt.*

Auf dem Marienplatz ist nicht etwa die Mariensäule der Blickfang, sondern seit 1997 die verästelte Skulptur »100 Arme der Guan-yin« vom chinesischstämmigen Künstler Huang Yong Ping. Der außergewöhnliche überdimensionale Flaschentrockner bezieht sich auf die 1000-armige buddhistische Göttin Guan-yin.

Sichtachse der Königsstraße. Einst waren entlang der Gasse nicht weniger als zehn große und kleine Adelshöfe angesiedelt, welche den adligen Familien des Münsterlandes ein repräsentatives Stadtquartier boten. Nach dem Zweiten Weltkrieg wurden allerdings nicht alle Höfe wieder aufgebaut.

Gleich zur Linken wurde der Druffel'sche Hof (1784–88) zum **Kunstmuseum Pablo Picasso Münster** 3 umgewandelt (▸ S. 32). Ein Stückchen weiter liegt am kleinen **Adolph-Kolping-Platz** 4 ein schönes Ensemble: Neben dem kastenförmigen Neubau des Ketteler'schen Hofes steht zur Rechten der rote Backstein-Fachwerkbau der alten Kaplanei von St. Aegidii. Früher befand sich hier ein Kapuzinerkloster, heute schließen sich das Oberverwaltungsgericht und das NRW-Verfassungsgericht an.

Die Südseite des von hohen Bäumen gesäumten Platzes wird vom Heereman'schen Hof beherrscht. Die kunstvolle Renaissancefassade aus

KULINARISCHES FÜR ZWISCHENDRIN

Das **Eiscafé Firenze Königspassage** 1 (Königsstr. 12, tgl. 10–19.30 Uhr, €) ist ein populärer Klassiker.

Am lauschigen Marienplatz ist das **Café Extrablatt Königsstraße** 2 (Königsstr. 31, T 0251 433 06, www.cafe-extrablatt.com, tgl. 9 bis mind. 23 Uhr, €) ein populäres Café-Bistro mit Frühstücksbuffet.

Gegenüber ist das kleine Rösterei-Café **Die Bohne** 3 (Ludgeristr. 60, €, ▸ S. 98) ideal für eine entspannte Kaffeepause. Solide italienische Küche in freundlicher Atmosphäre bietet die **Trattoria Traversa** 4 (Königsstr. 37, T 0251 446 17, www.trattoria-traversa.de, Mo–Fr 12–14.30, 17.30–22.30, Sa 14–22.30 Uhr, Pizza/Pasta €–€€).

Sehr zeitgemäß ist das vegane **Krawummel** 5 (Ludgeristr. 62, €, ▸ S. 94). An der Stubengasse verfügt das **Cafe & Bar Celona** 6 (€, ▸ S. 93) über zwei große Terrassen.

**Cityplan:** Karte 2, E/F 3/4 | Anfahrt: **Bus** Prinzipalmarkt, Picassomuseum, Klemensstraße dem Jahr 1564 macht den einstigen Adelshof zu einem Schmuckstück der Königsstraße. Die anderen drei Seiten sind in rotem Backstein gehalten. Heute wird das Gebäude universitär genutzt.

Vom einstigen Beverfoerde'schen Hof (Königsstr. 46, 1699–1703) blieb nur der Nordflügel erhalten. Der kleine **Oer'sche Hof** 5 (Nr. 42, Mitte 18. Jh.) soll auf Schlaun zurückgehen, im Jahr 1798 wurde die Tordurchfahrt ergänzt. Nebenan gehört der **Senden'sche Hof** 6 (Nr. 39, 18. Jh.) heute zu einer Bank.

## Romanisch-gotische Eleganz

Die gegenüberliegende **Ludgerikirche** 7 wurde um das Jahr 1180 begonnen und gehört zu den schönsten Sakralbauten in Münster. Der filigrane Bau wird abends lichttechnisch wirkungsvoll in Szene gesetzt.

Innen wirkt die Kirche eher etwas schlicht, der hoch aufragende gotische Chor mit den modernen Buntglasfenstern ist aber ein echtes Highlight. Schon von außen sieht man, dass der Chor wesentlich höher als das romanische Hauptschiff ist.

## Platz zum Verweilen

Der angrenzende **Marienplatz** 8 (▸ Kasten S. 34) – kurz vor Erreichen der Promenade – ist mit seinen hohen Bäumen einer der attrakivsten Plätze der Altstadt. Mehrere Cafés und Bistros laden dort bzw. am Ende der Ludgeristraße zu einer netten Pause ein. Auf dem Rückweg zieht sich die beliebte Einkaufsmeile **Ludgeristraße** 2 als Fußgängerzone wieder bis zum Prinzipalmarkt hinauf.

### UM DIE ECKE

An der Windthorststraße führt ein kleiner Schlenker von der Ludgeristraße nach rechts zur Skulptur **»Kirschensäule«** 9 von Thomas Schütte (1987). Dort bildet zur Linken das 2009 entstandene moderne Einkaufsviertel am **Hanse-Carré** und an der **Stubengasse** 10 das Entrée für die südöstliche Altstadt. Hier finden sich nicht nur ein Hotel, Geschäfte sowie mehrere Cafés, sondern auch ein Fahrradparkhaus. Am nördlichen Ende der Stubengasse sind darüber hinaus zwei große Kaufhäuser angesiedelt.

*Die »100 Arme der Guan-yin« bringen exotisches Flair auf den Marienplatz.*

### LESESTOFF

Neben den Filmen werden immer mehr Münster-Krimis geschrieben. **Jürgen Kehrer** schrieb nicht nur die bekannte Wilsberg-Reihe, sondern auch historische Krimis sowie neuere Krimis mit dem Ermittler Bastian Matt. Sehr spannend sind auch die Krimis von **Christoph Güsken** mit Ex-Polizist Niklas de Jong. Die Protagonistin von **Helga Streffing,** Hannah Schmielink, wird als Schulpsychologin aus Münster immer wieder in undurchsichtige Mordfälle verwickelt, zuletzt 2022 in »Tod unterm Kirchturm«. Wer Münster kriminalistisch entdecken will, hat also auch zwischen zwei Buchdeckeln spannende Auswahl.

# Schlaun, Synagoge, Stadtgeschichte – **die östliche Altstadt**

**Johann Conrad Schlaun prägte Mitte des 18. Jh. mit seinen barocken Palästen und Kirchen das Aussehen Münsters. Zwei bauliche Juwelen sind der Erbdrostenhof und die benachbarte Clemenskirche. Nebenan zeugt die Synagoge vom jüdischen Leben in Münster. Das Stadtmuseum veranschaulicht die Geschichte der Stadt – und seit 2018 schwingt ein Foucault'sches Pendel von Gerhard Richter an der Salzstraße.**

*Barocke Pracht im Festsaal des Schlaun'schen Erbdrostenhofs*

Vor der **Lambertikirche** 1 (► S. 24) zweigt die Fußgängerzone **Salzstraße** 1 vom Prinzipalmarkt Richtung Osten ab. Die alte Handelsstraße führt zunächst zur ehemaligen **Dominikanerkirche** 2 (1708–25). In der 2020/21 renovierten Kirche zieht eine großzügige Schenkung des Künstlers Gerhard Richter alle Blicke auf sich: »Zwei graue Doppelspiegel für ein Pendel« ist eine Skulptur mit einem fast 29 m langen Foucault'schen Pendel, das über einer grauen, skalierten Bodenplatte schwingt (s. Randspalte). Die moderne Skulptur steht im Kontrast zum 300 Jahre alten Barockaltar aus Paderborn in der Sakramentskapelle.

## Perle der Altstadt

Mit dem prächtigen **Erbdrostenhof** 3 gelang dem Barockbaumeister Johann Conrad Schlaun 1753–57 an der Salzstraße auf engstem Raum ein wahres Meisterwerk. Auftraggeber war der höchste weltliche Beamte des Fürstbistums, Adolph Heidenreich Freiherr Droste zu Vischering. Der Droste wollte sich ein Stadtpalais bauen lassen, das alle bisherigen Bauten Münsters in den Schatten stellte (damals stand das Schloss noch nicht).

Schlaun fand für den beengten Raum eine originelle Lösung: Statt der üblichen Dreiflügelanlage platzierte er seinen Bau einfach schräg über das Grundstück und schuf so zusätzlich Platz für einen stattlichen Ehrenhof. Das Palais entstand ›schlauntypisch‹ aus einer Mischung von rotem Ziegelstein und hellem Baumberger Sandstein. Zentraler Blickfang ist der Konsolenbalkon mit den schmiedeeisernen Gittern in der Beletage. Der dahinter befindliche Festsaal wurde von Nikolaus Loder reich mit Fresken verziert, ist aber leider nur für Konzerte und Veranstaltungen zugänglich. Das Vestibül, die ehemalige Kutschendurchfahrt, steht jedoch offen und mehrere Schautafeln geben weitere Infos zu dem Palais.

## Münsters Barockbaumeister

In Münster und dem Münsterland trifft man auf viele beeindruckende Werke des begnadeten Architekten, Ingenieurs und Militärs. Über Jahrzehnte stand Schlaun (1695–1773) primär im Dienste der Fürstbischöfe Clemens August und Maximilian Friedrich. Dabei zeichnete er für eine erstaunliche Vielfalt an Projekten verantwortlich. Noch heute beeindruckt die Eleganz seiner Bauten.

## Clemens- und Servatiikirche

In unmittelbarer Nachbarschaft des Erbdrostenhofs hatte Schlaun 1745–53 im Auftrag des

Der französische Physiker **Léon Foucault** (1819–68) führte 1851 der Öffentlichkeit im Pariser Panthéon erstmals das nach ihm benannte Pendel vor und bewies durch die Pendelschwingungen die Rotation der Erde, die sich unter dem Pendel weiterdreht. Dabei nutzte er 200 Jahre alte Erkenntnisse des italienischen Physikers Vincenzo Viviani.

Schlaun war ein eifriger Baumeister. In Münster schuf er auch das ehemalige Residenzschloss (► S. 47) und legte die Promenade (► S. 48) an. Am nordwestlichen Stadtrand erbaute er für sich selbst bei Nienberge das schmucke **Rüschhaus** (► S. 74), wo später Annette von Droste-Hülshoff wohnte. In **Nordkirchen** vollendete er das prächtige Schloss, als große Barockresidenz ein ›Westfälisches Versailles‹. In **Nottuln** (► S. 83) gehen die Stiftshäuser im Zentrum auf ihn zurück. Und für Fürstbischof Clemens August arbeitete Schlaun auch am Schloss Augustusburg in Brühl.

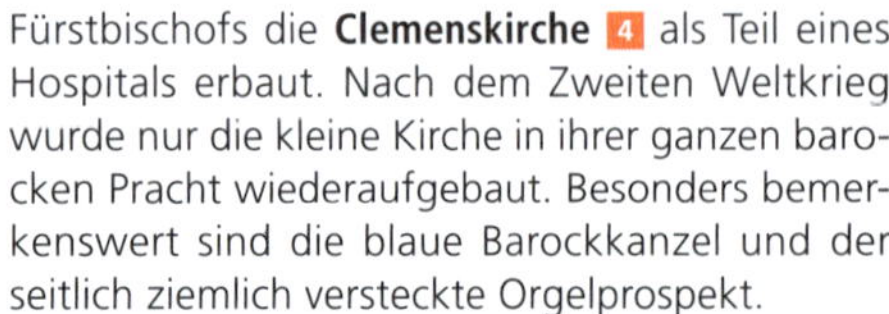

Fürstbischofs die **Clemenskirche** 4 als Teil eines Hospitals erbaut. Nach dem Zweiten Weltkrieg wurde nur die kleine Kirche in ihrer ganzen barocken Pracht wiederaufgebaut. Besonders bemerkenswert sind die blaue Barockkanzel und der seitlich ziemlich versteckte Orgelprospekt.

Wenige Schritte entfernt liegt die stimmungsvolle **St.-Servatiikirche** 5 etwas unter dem heutigen Bodenniveau. Das schlichte romanische Kirchenschiff stammt aus dem 13. Jh., der spätgotische Chor wurde gegen 1500 errichtet.

## Jüdisches Leben

Zur Rechten in der Klosterstraße zeugt die 2012 erweiterte **Synagoge** 6 vom Wiedererwachen des jüdischen Lebens in Münster. Im 19. Jh. hatte sich das jüdische Leben auch in Münster frei entfalten können, und so wurde 1880 zwischen Klosterstraße und Promenade eine neue Synagoge eingeweiht.

Im Angesicht des Naziterrors versuchten viele Juden nach 1933 auszuwandern, doch eine Gedenktafel neben der Synagoge erinnert daran, dass von den 430 Juden, die noch 1938 in Münster wohnten, nur 20 den Holocaust überlebten. Die Synagoge wurde zerstört, die jüdische Gemeinde 1941–43 u. a. nach Riga deportiert und dort ermordet.

## Stadtgeschichte

Wer mehr über die Entwicklung Münsters erfahren möchte, ist im erstklassigen **Stadtmuseum** 7 an der richtigen Adresse. Die umfangreiche Sammlung wird in einem ehemaligen Kaufhaus an der Salzstraße kurzweilig präsentiert und spannt einen weiten Bogen von den ersten menschlichen Siedlungsspuren bis in die Neuzeit. Ältester Fund ist ein 50 000 Jahre alter Faustkeil. Schwerpunkte bilden die Stadtgründung an der Wende zum 9. Jh. durch Bischof Liudger, die mittelalterliche Blütezeit sowie das Täuferreich 1534/35. Eine goldene Kette gilt als ›Königskette‹ des Täuferkönigs Jan van Leiden. Stadtmodelle veranschaulichen die Entwicklung Münsters. Nach einem Blick auf den Westfälischen Frieden 1648 und das barocke Münster geht es ein Stockwerk höher ins 19. und 20. Jh. Zu sehen sind dort u. a. Werke der

Nach dem Zweiten Weltkrieg entwickelte sich nur langsam wieder jüdisches Leben in Münster. Doch inzwischen sieht es ganz anders aus. Die Stadt hat seit 1961 eine neue Synagoge, rund 600 Gemeindemitglieder und seit einigen Jahren wieder einen Rabbi. Jüdisches Leben ist in Münster wieder vielfältig präsent.

*Auf einen Kaffee ins Café in einer Stadt, die ihre erste Rösterei schon 1850 eröffnet hat.*

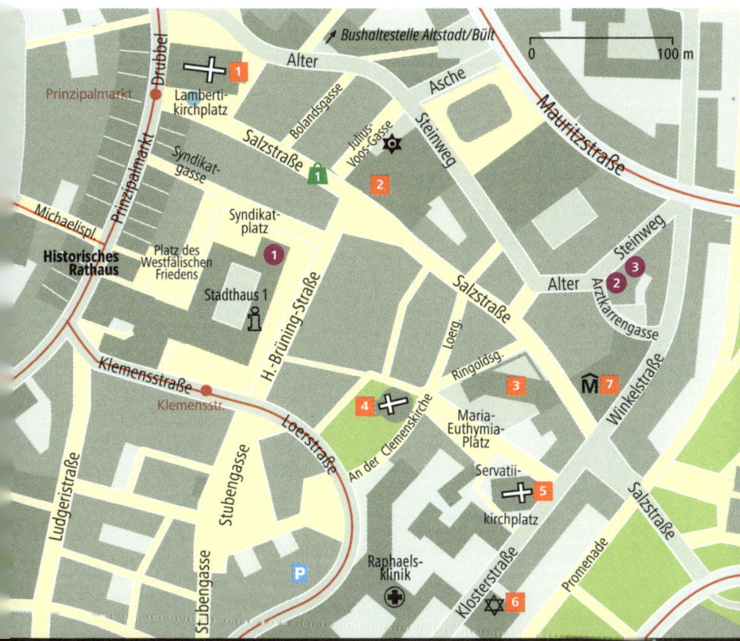


**Cityplan:** Karte 2, F 3 | Anfahrt: **Bus** Prinzipalmarkt, Altstadt/Bült, Klemensstraße

INFOS/ÖFFNUNGSZEITEN

**Ehem. Dominikanerkirche/ Richter-Pendel 2:** Salzstr. 10, www.stadt-muenster.de/dominikanerkirche, Mi–So 11–18 Uhr, Eintritt frei (jeden 3. So kostenlose Führungen, online anmelden)

**Stadtmuseum 7:** Salzstr. 28, T 0251 492 45 03, www.stadt-muenster.de/museum, Di–Fr 10–18, Sa/So 11–18 Uhr, Eintritt frei

KULINARISCHES FÜR ZWISCHENDRIN

Zu einer Kaffeepause laden das Panoramacafé **1648** ❶ (► S. 46) im Stadthaus I sowie das Retrocafé **Pension Schmidt** ❷ (► S. 95) am Alten Steinweg ein.
Direkt daneben bietet das traditionsreiche **Alte Gasthaus Leve** ❸ (► S. 96) auch einen Mittagstisch an.

Künstler Otto Modersohn und Bernhard Pankok, der Terror des Nazi-Regimes wird aufgearbeitet und der Wiederaufbau dokumentiert. Die Originaleinrichtung des Cafés Edwin Müller führt in die 1950er-Jahre, während ein fast schon skurriler Wochenschau-Beitrag über das erste Deutschland-Konzert der Rolling Stones 1965 in Münster berichtet. Sehenswert sind auch die regelmäßigen Sonderausstellungen, darunter die dokumentarischen Fotoausstellungen »Münster vor 50 Jahren«.

# Kultur, Kneipen und Kiepenkerl – **die nördliche Altstadt**

**Nördlich des Prinzipalmarkts bietet die Altstadt eine Mischung aus Kultur, Restaurants, Cafés und Kneipen. Das Theater Münster bringt erstklassige Stücke auf die Bühne, während das Kiepenkerl-Denkmal auf das traditionsbewusste Münster verweist.**

Ausgangspunkt des Rundgangs ist das nördliche Ende des **Prinzipalmarkts** 1 an der **Lambertikirche** 2 (► S. 24). Im Mittelalter trafen am Schnittpunkt von Prinzipalmarkt, Roggenmarkt, (Altem) Fischmarkt und Steinweg wichtige Handelsstraßen aufeinander. Hier befand sich unmittelbar außerhalb der Domburg die Keimzelle der Bürgerstadt. Auf der jetzigen – **Drubbel** 3

*Es ist das einzig erhaltene Gildenhaus Münsters, Prachtgiebel inklusive: das Krameramtshaus.*

genannten – Freifläche stand bis 1906 ein ›Drubbel‹ von zehn Häusern. Ihr Umriss ist auf dem Pflaster markiert.

## Modern trifft historisch

An der Nordseite der Lambertikirche zweigt rechts der Alte Steinweg ab. **Haus Schütte** 4 in Nr. 3 fällt durch sein Glockenspiel auf. Die Glocken aus Meißener Porzellan erklingen jeweils um 15 und 18 Uhr. Bei Redaktionsschluss plante das Bistum an dieser Stelle den Neubau der Domkammer als Diözesanmuseum (▶ S. 28). Wenige Schritte weiter ist der prächtige Renaissancebacksteinbau des **Krameramtshaus** 5 von 1589 das einzig erhaltene Gildenhaus in Münster. Für die Friedensverhandlungen mit Spanien bezog die niederländische Delegation hier ab 1643 ihr Quartier. Am 30. Januar 1648 unterzeichneten im Krameramtshaus die Unterhändler den spanisch-niederländischen Frieden, bevor er dann 100 Tage später im Rathaus beschworen wurde. Seit 1995 hat die Universität hier passenderweise das Haus der Niederlande als Forschungs- und Kulturzentrum untergebracht.

Einen modernen Kontrapunkt setzt die benachbarte **Stadtbücherei** 6, 1987–93 errichtet vom Architektenbüro Bolles-Wilson. Angeschlossen sind der Zeitungslesesaal sowie ein sympathisches Café.

## Martiniviertel

Zurück an der Lambertikirche geht es nach rechts den Alten Fischmarkt hinab. An der Ampelkreuzung befindet sich rechts die zentrale Bushaltestelle Altstadt/Bült, links ist bereits das Theater Münster zu erkennen (s. u.). Geradeaus führt die Hörsterstraße mitten ins **Martiniviertel** mit kleinen Gassen, guten Restaurants und Kneipen. Zur Linken, Ecke Martinistraße, verdient ein schmuckes Stadthaus von 1763 zumindest einen kurzen Blick. Am Ende der Hörsterstraße steht das **Lotharinger Kloster** 7. Es entstand 1764–72 als ein Spätwerk von Johann Conrad Schlaun und dient heute als repräsentatives Standesamt.

Ein schmaler Durchgang verbindet die Hörsterstraße mit dem Martinikirchhof. Auf der Rückseite des Stadttheaters geht die schlichte, aber wuchtig wirkende **Martinikirche** 8 auf das Ende des 12. Jh. zurück. Die angrenzende Neubrü-

Münster macht Musik: Am Stadthausturm (Prinzipalmarkt) erklingen die Glocken um 11, 15 und 19 Uhr, am Haus Nonhoff (Rothenberg 13) mit der Weltzeituhr jeweils um 12, 16, 17 und 18 Uhr. Das Glockenspiel an der Astronomischen Uhr im Dom ist das bekannteste. Weitere Glockenspiele befinden sich am Schloss (tgl. 8, 12 und 18 Uhr) und am LWL-Landeshaus (Freiherr-vom-Stein-Platz, tgl. 8, 13, 18, 20 Uhr).

*Ohne ›Leeze‹ läuft in Münster gar nichts.*

ckenstraße ist für ihre Restaurants und Cafés bekannt.

## Vorhang auf!

Zur Linken setzte die Stadt 1954–56 für die damalige Zeit mit dem **Theater Münster** 9, dem ersten in Westdeutschland nach dem Zweiten Weltkrieg neu errichteten Theatergebäude, ein beachtliches Ausrufezeichen. Die Fachwelt lobte den Entwurf als »befreienden Donnerschlag«. Rund 1000 Sitzplätze bietet das Große Haus. Besondere Wirkung erzielten die Architekten durch die Integration der zerbombten Reste des einstigen Romberger Hofs. 1968–71 wurde dann das Kleine Haus angebaut.

Das Stadttheater ist ein sehr wichtiger kultureller Ankerpunkt für das ganze Münsterland, wenn es um anspruchsvolle Bühnenproduktionen geht.

## Kiepenkerlviertel

*Kiepenkerl-Denkmal*

Schräg gegenüber vom Theater steht mit der gotischen **Apostelkirche** 10 die wichtigste evangelische Stadtkirche Münsters. Aufgrund der hohen Fenster wirkt sie im Inneren vor allem bei Sonnenschein sehr hell und einladend. Beachtenswert sind die Gewölbemalereien aus dem 16. Jh. Im 19. Jh. wurde die ehemalige Minoritenkirche nach der Auflösung des Ordens unter den Preußen zur evangelischen Kirche umgewandelt.

Die Neubrückenstraße endet an der Schnittstelle von Roggenmarkt und Bogenstraße im **Kiepenkerlviertel.** Während es links wieder zum Prinzipalmarkt hinaufgeht, führt die schmale Bogenstraße rechts vorbei an schicken Geschäften zu einem kleinen Platz. Das **Kiepenkerl-Denkmal** 11 dort ist ein Traditionssymbol für das Münsterland.

*Deftiges Rindfleisch, Schmalz und Zwiebeln: Die Gasthäuser der Altstadt servieren westfälischen Pfefferpotthast.*

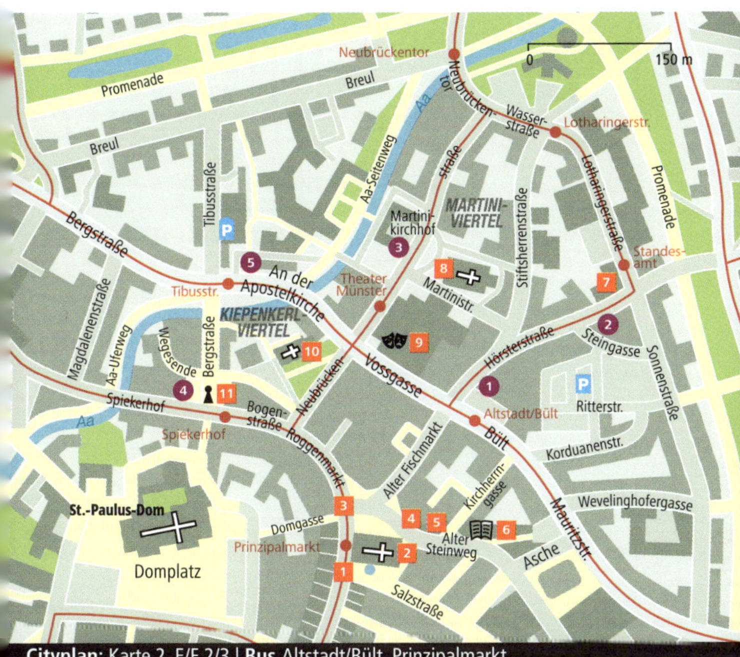


**Cityplan:** Karte 2, E/F 2/3 | **Bus** Altstadt/Bült, Prinzipalmarkt

INFOS/ÖFFNUNGSZEITEN

**Krameramtshaus** 5: Alter Steinweg 6/7, www.uni-muenster.de/hausdernie derlande

**Stadtbücherei** 6: Alter Steinweg 11, T 0251 492 42 42, www.stadt-muenster.de/buecherei, Mo–Fr 10–18, Sa 10–1 Uhr

**Theater Münster** 9: Neubrückenstr. 63, www.theater-muenster.com, ► S. 109

KULINARISCHES FÜR ZWISCHENDRIN

Guten Kaffee bietet das gemütliche Café in der **Stadtbücherei** 6. Hervorragendes selbst gefertigtes Eis macht **Raphaels Eismanufaktur** 1 (Bült 1, ► S. 98, €) zu einem Publikumsliebling. Bio-Eis von Gelato Mio und italienische Feinkost bietet am Lotharinger Kloster **Arte Bio** 2 (Hörsterstr. 38, www.gelatomio.de, So/Mo 12–19, Di–Sa 11–19 Uhr, €). Leckere Speisen – auch mittags – bietet die **Vinothek am Theater** 3 (auch eine nette Abendadresse, Kasten ► S. 106). Auf hohem Niveau traditionell westfälisch ist die Küche im **Großen Kiepenkerl** 4 (► S. 95). Vegan und vegetarisch geht es bei der **Beetschwester** 5 zu (► S. 94).

Kiepenkerle waren vor allem im 19. Jh. als wandernde Händler unterwegs und trugen ihre Waren in einem Korb, der Kiepe, auf dem Rücken. Vom Kiepenkerl führt eine schmale Treppe links hinauf zum Dom (► S. 27), während die Straße unter dem Namen Spiekerhof weiter zur Aa und ins Überwasserviertel (► S. 45) führt.

# Studentisches Leben ›über Wasser‹ – **vom Dom zum Schloss**

**An der Westseite des Domplatzes beginnt das zentrale Universitätsviertel: Hörsaalgebäude, Wohnheime und Cafés bestimmen im Schatten der gotischen Überwasserkirche das Bild. Das Kuhviertel mit der Brauerei Pinkus ist eines der beliebtesten Ausgehviertel Münsters. Jenseits des Schlossplatzes zieht das barocke Schloss alle Blicke auf sich. Unbedingt sehenswert ist der Botanische Garten im Schlosspark.**

*Postkartenidylle: Die Kneipenmeile Kreuzstraße im Kuhviertel*

Das Univiertel beginnt am westlichen Rand des **Domplatzes** 1: Das **Fürstenberghaus** 2 (Nr. 20–22) beherbergt u. a. das Historische Seminar sowie im Erdgeschoss das Archäologische Museum (► S. 32) der 2023 in **Universität Münster** umbenannten früheren Westfälischen Wilhelms-Universität Münster. Bei einer so großen **Uni** wie in Münster kamen und gingen natürlich auch einige Berühmtheiten. So hielt im Juni 1963 der spätere Papst Joseph Ratzinger als Ordinarius für Dogmatik und Dogmengeschichte just im Fürstenberghaus seine Antrittsvorlesung.

Zwischen Fürstenberghaus und Geomuseum steht ein Denkmal des Freiherrn Franz von Fürstenberg. Der fürstbischöfliche Minister gründete 1773 den Vorläufer der heutigen Uni. So etwas kostet. Die Auflösung des Jesuitenordens verschaffte schließlich die nötigen Geldmittel.

## Univiertel am ›Fluss‹

Als einziger Rest des Jesuiten-Kollegiums aus dem 16. Jh. blieb am Ufer der Aa die **Petrikirche** 3 (1590–97) erhalten, die spätgotische und Renaissanceelemente vereint. Heute dient sie der katholischen Studentengemeinde und dem Gymnasium Paulinum für ihre Gottesdienste.

Hier trifft man auch auf Münsters ›Fluss‹: Die kleine Aa ist im Stadtzentrum weitgehend in ein betoniertes Bett gezwängt und wird bei Wassermangel im Aasee zu einem kleinen Rinnsal. Jenseits der Aa erstrecken sich weitere zentrale Unigebäude: Geradeaus ist das **Juridicum** 4 Heimat der Juristischen und Wirtschaftswissenschaftlichen Fakultäten. Schräg rechts verfügt die **Universitäts- und Landesbibliothek** 5 als westfälische Zentralbibliothek unter ihren 6,1 Mio. Bänden über kostbare Wiegendrucke und Handschriften.

Sehr reizvoll ist das kleine Stück Fußgängerweg nach rechts an der Aa entlang. Hier durchquert man den Bischöflichen Garten. Der Pfad endet am Spiegelturm, wo man die Aa nach links überquert. In diesem Bereich wirkt die üppige Aa-Vegetation fast schon submediterran – und wird im Frühjahr am schnellsten bunt.

## Überwasserkirche

Wuchtig und beeindruckend ragt die gotische **Überwasserkirche** 6 empor, die auf fast 1000 Jahre Geschichte zurückschaut. 1040 wurde eine erste Kirche für ein adliges Damenstift im Beisein von König Heinrich III. geweiht. Da dieses Stift vom Dom aus auf der anderen Aa-Seite liegt, erhielt es bald den Namen ›Überwasser‹. Erst hundert Jahre später wurde das Stift in die wachsende Stadt integriert. Die heutige Hallenkirche entstand im 14. Jh. 1773 wurde in der Überwasserkirche der Baumeister Johann Conrad Schlaun beerdigt. Auf dem Kirchplatz findet in der Ad-

An der Überwasserkirche fällt gleich zu Beginn der Frauenstraße (Nr. 49–50) das **Antiquariat Solder** 9 auf. Millionen Fernsehzuschauern ist es als »Antiquariat Wilsberg« aus den beliebten Wilsberg-Krimis des ZDF bekannt (► S. 76).

ventszeit ein kleiner, aber sehr stimmungsvoller Weihnachtsmarkt statt.

## Rosen und Kühe

Vom Westeingang der Überwasserkirche geht es rechts an der modernen **Diözesanbibliothek** 7 vorbei zum lauschigen **Rosenplatz** 8 am Zugang zum Kuhviertel. Am Platz befindet sich Münsters letzte Altbierbrauerei, Pinkus Müller von 1816. Schon auf dem Platz stehen Kneipentische. In der angrenzenden Kreuzstraße geht es in den bunt restaurierten kleinen Ackerbürger- und Handwer-

INFOS/ÖFFNUNGSZEITEN

**Botanischer Garten** 13: Schlossgarten, www.uni-muenster.de/botanischergarten, Mitte März–Mitte Okt. tgl. 8–19, sonst tgl. 9–16 Uhr, Eintritt frei

KULINARISCHES FÜR ZWISCHENDRIN

Eis und Kaffee genießen auf der schönen Terrasse des Eiscafés **Lazzaretti** 1 (Spiekerhof 26, T 0251 484 23 33, tgl. 10–22 Uhr, €) im Schatten der Überwasserkirche.
Günstige italienische Küche mit veganen und tamilischen Extras in freundlichem Ambiente bietet das **La Locanda** 2 (Frauenstr. 32, T 0251 555 77, www.la locanda-muenster.de, Mi–So 12–14.30, 18–22 Uhr, €–€€). Gegenüber liegt die studentisch-rustikale **Frauenstraße 24** 3 (► S. 96). Am Botanischen Garten lockt das **Café Schlossgarten** 4 (Schlossgarten 4, T 0251 987 96 96, www.schlossgarten.com, Mai–Sept. tgl. ca. 12–18 Uhr, sonst nur So, €) zur Kaffeepause. Klassiker sind zudem: **Pinkus Müller Altbierküche** 5 (► S. 97), **Cavete** 1 und **Das Blaue Haus** 2 (► S. 105) sowie das **Café Malik** 6 (► S. 95).

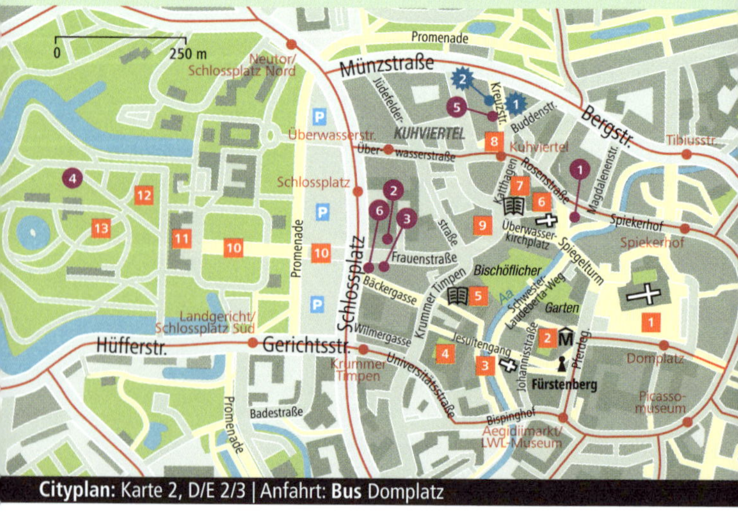


Cityplan: Karte 2, D/E 2/3 | Anfahrt: Bus Domplatz

kerhäusern sehr gesellig zu. Hier sorgen die **Pinkus Müller Altbierküche** 5 sowie urige Studikneipen wie die **Cavete** 1 und **Das Blaue Haus** 2 für Stimmung. Weitere sehenswerte Häuser im Kuhviertel befinden sich in der Buddenstr. 27 und 14–15 (seit Herbst 2023: **Jo's Drübbelken**) sowie in der Hollenbeckerstr. 25 und 30. Beide Straßen zweigen vom Rosenplatz ab. Auch in der Jüdefelderstraße finden sich Kneipen und nette Fachgeschäfte.

*Das Schloss*

## Schlaunsche Eleganz

Zurück an der Überwasserkirche geht es durch die Frauenstraße zum riesigen **Schlossplatz** 10, der von Fürstbischof Christoph Bernhard von Galen im 17. Jh. als Vorfeld für seine neue Zitadelle angelegt wurde. Heute dient die Freifläche als Parkplatz und Veranstaltungsort für Send oder Zirkus. Westlich der Promenade zieht das ehemals **fürstbischöfliche Schloss** 11 alle Blicke auf sich. Der Bau wurde 1767 von Johann Conrad Schlaun im Auftrag von Fürstbischof Maximilian Friedrich in Angriff genommen, nachdem dessen Vorgänger Clemens August sehr zum Missfallen des Münsterländer Adels zeitlebens in Brühl residiert hatte. Auch sollte durch den Bau des Schlosses endlich die verhasste Galensche Zitadelle verschwinden. Die Mischung aus rotem Backstein und hellem Baumberger Sandstein am Schloss trägt unverwechselbar Schlauns Handschrift. Nach dessen Tod vollendete Wilhelm Ferdinand Lipper 1787 das Bauwerk. Überragt wird das Schloss von einer Laterne mit Glockenspiel, die eine goldene Fortuna bekrönt.

Im 19. Jh. zog die preußische Provinzialverwaltung ein, 1945 wurde das Schloss weitgehend zerstört und nach dem Wiederaufbau zum Zentralgebäude der Universität.

*Dreimal im Jahr steigt auf dem Schlossplatz der Send, der größte Kirmesrummel im Münsterland (siehe www.send.muenster.de). Im Sommer gibt es vor dem Schloss ein Open-Air-Kino, Zirkus und das ›Turnier der Sieger‹ für Pferdefans. Und viele kommen im Sommer jeden ersten und dritten Freitag um 19 Uhr zur Skatenight: www.skatenight-muenster.de.*

## Fürstlicher Park

Auf der Rückseite des Schlosses erstreckt sich der wunderbare **Park des Schlossgartens** 12 mit seinem alten Baumbestand. Schon 1803 wurde hier der **Botanische Garten** 13 gegründet, der sich mit seinen zehn Gewächshäusern und rund 8000 Pflanzenarten zu einem innerstädtischen Idyll entwickelt hat. Der 4,6 ha große Botanische Garten wird von der Uni verwaltet und dient auch als Lehrgarten. Zu jeder Jahreszeit ein Ort der Ruhe selbst!

# Grünes Juwel der Stadt – die Promenade

**Wie ein grünes Band zieht sich die 4,5 km lange Promenade rund um die Münsteraner Innenstadt. Einst befanden sich hier die mächtigen Wallanlagen, heute genießen Radfahrer:innen und Spaziergänger:innen die prächtige Lindenallee. Ein Rundgang beginnt am herrschaftlichen Schloss und führt u. a. zum Aasee, zum Museum für Lackkunst, zum Zwinger und zum Kreuzviertel. Im Sommer verwandelt sich die Promenade mehrfach in einen Flohmarkt.**

*Münsters Promenade ist heute ein Radler-Paradies.*

Bis ins 18. Jh. war Münster eine stark befestigte Stadt, doch nach dem Siebenjährigen Krieg (1756–63) wurden die militärtechnisch überholten Befestigungsanlagen geschliffen, und niemand Geringeres als der Barockbaumeister Johann Conrad Schlaun ließ auf den äußeren

Wallanlagen einen grünen Promenadengürtel rund um Münster anlegen. Schlaun schenkte der Stadt damit eine ihrer schönsten Grünanlagen, die mit rund 2000 Lindenbäumen eine vollständig geschlossene Allee bildet.

## Alter Zoo und Aasee

Ausgangspunkt des Rundgangs ist das **Schloss** 1. Auf dem **Schlossplatz** 2 fielen die großen Promenadenbäume leider dem Orkan Kyrill 2007 zum Opfer. Doch 200 Bürgerinnen und Bürger spendeten neue Linden, sodass die Allee langsam wieder wächst.

Der Weg führt zunächst nach Süden über die Gerichtsstraße hinweg zum Ausfluss der Aa. Rechts befand sich auf dem Gelände der heutigen LBS bis 1973 der alte Zoo von Münster. Ein kleiner Abstecher führt rechts zu der versteckt liegenden romantischen **Tuckesburg** 3, die 1892 der Münsteraner Zoogründer Professor Landois für sich selbst errichtete. Jenseits der Himmelreichallee liegt der 1887 eröffnete, parkähnliche **Zentralfriedhof** 4.

Nun geht es über einen sehr schönen, höhergelegenen Teil der Promenade unter dichten Bäumen weiter. Die Linden können bis zu 100 Jahre alt werden. Alternativ gelangt man am Ufer der Aa auf einem kleinen Schlenker auch direkt zum **Aasee** 5 (▶ S. 53).

## Alles im Lack

Die südliche Promenade setzt sich vom Stadtgraben über die Aegidiistraße hinweg fort. 2014 fielen hier einige der Baumriesen leider zwei Unwettern zum Opfer. An der Ludgeristraße ist zur Linken der **Marienplatz** 6 zu sehen, während zur Rechten hinter dem Kreisverkehr des Ludgeriplatzes das Südviertel beginnt.

An der Windthorststraße, die den Hauptbahnhof mit der Innenstadt verbindet, lohnt rechts ein Blick in das **Museum für Lackkunst** 7 in der stattlichen Villa Bönninghausen. Die rund 2000 Stücke umfassende Sammlung der BASF Coatings AG zeigt auf zwei Stockwerken vor allem Stücke aus Ostasien und Europa. Sehenswert sind im Erdgeschoss z. B. der filigrane Altarschrein aus Japan und im Obergeschoss die kunstvollen Kommoden und Kabinettschränke.

Der attraktive Flohmarkt steigt an der Promenade an jedem 3. Samstag von Mai bis September. Er erstreckt sich vom Schlossplatz bis zur Himmelreichallee und zum Stadtgraben. Im nördlichen Bereich sind eher kommerzielle Händler zu finden, im südlichen dagegen Hobby-Händler und der Kinderflohmarkt.

*Feilschen gehört zum guten Ton auf dem Promenaden-Flohmarkt.*

2014 verwandelte Objektkünstler Tobias Rehberger elf graue Schaltkästen zwischen Promenade und Hauptbahnhof unter dem Titel »The Moon in Alabama« in eine bunte Skulpturenlandschaft. Alle Objekte verweisen auf einen Ort rund um den Globus und enthalten einen ›Mond‹. Die Kugeln leuchten immer dann, wenn der Mond vor Ort scheint: www.muenster-art-public.de.

## Synagoge und Paul Wulf

Der folgende Abschnitt der Promenade ist im Sommer so dicht begrünt, dass man sich in einem Tunnel wähnt. Zur Linken passiert man die **Synagoge** 8, dann ist die Salzstraße mit dem sehr informativen **Stadtmuseum** 9 (▶ S. 38) erreicht. An der Kreuzung Salzstraße fällt rechts die Skulptur von Paul Wulf (1921–99) mit Brille auf. Dabei handelt es sich um einen Mann, der von den Nazis zwangssterilisiert worden war und zeitlebens für die Anerkennung seiner Leidensgenossen kämpfte. 2007 hatte die Künstlerin Silke Wagner die **Paul-Wulf-Skulptur** 10 als Teil ihres Projekts »Geschichte von unten« geschaffen.

## Bollwerk der Stadt

Durch eine Straßenunterführung führt der Weg weiter nach Norden zur Hörsterstraße am ehemaligen Hörstertor. Zur Linken ist das ehemalige **Lotharinger Kloster** 11 und heutige Standesamt zu sehen. Am Abfluss der Aa aus dem Stadtgebiet ist der ehemalige **Zwinger** 12 Denkmal und Mahnmal zugleich.

Vor gut 500 Jahren entstand der runde Wehrturm als »dat grote Bollwerk«. Nach den Täuferkriegen im 16. Jh. nutzte der Bischof den Zwinger zur besseren Kontrolle der Stadt. 200 Jahre später baute Johann Conrad Schlaun das Gebäude zum Untersuchungsgefängnis um. 1919 verwandelte der Maler Friedrich Wilhelm Liel den Zwinger in ein Wohnhaus. Das dunkelste Kapitel kam 1944, als die Gestapo den Zwinger als Hinrichtungsstätte vor allem für Zwangsarbeiter aus der Sowjetunion und Polen nutzte.

*Das Lackmuseum zeigt auch moderne Kreationen, wie hier vom japanischen Künstler Tatsuaki Kuroda (1904–82).*

Eine Mahntafel an der Promenade sowie Gedenkveranstaltungen erinnern daran. 1987 installierte die Künstlerin Rebecca Horn im Rahmen der Skulptur Projekte mit 42 kleinen, am Mauerwerk klopfenden Hämmern und 32 flackernden Lichtern ihr »Gegenläufiges Konzert«.

INFOS

**Flohmarkt:** Termine und aktuelle Infos siehe www.flohmarkt-muenster.de

---

ÖFFNUNGSZEITEN

**Museum für Lackkunst** 7: Windthorststr. 26, T 0251 418 51 22, www.museum-fuer-lackkunst.de, Di–So 12–18 Uhr, Dauerausstellung Eintritt frei
**Zwinger** 12: Promenade, T 0251 492 45 03 (Museum), www.stadt-muenster.de/museum, Juni–Sept. So 14–18 Uhr, 1,50/1 €, Führungen April–Okt. 1. So im Monat 11 Uhr ab Stadtmuseum; 3.Do im Monat um 20 Uhr ab Zwinger (je 3/2 €)

---

KULINARISCHES FÜR ZWISCHENDRIN

Eine schöne Café-Terrasse unter hohen Bäumen direkt an der Promenade und leckere, sehr große Pizzen bietet das italienische Restaurant **L'Osteria** 1 (Windthorststr. 31, T 0251 98 29 18 41, https://losteria.de/restaurant/muenster, Mo–Do 11.30–23, Fr/Sa 11.30–24, So 12–23 Uhr, €).
Leckere, hausgemachte Macarons (auch vegan) und starken Kaffee gibt es an der Promenade am Zugang zum Kreuzviertel bei **Monsieur Macaron** 2 (Breul 16, T 0251 37 96 77 66, www.monsieur-macaron.de, Mo–Fr 11–18, Sa/So 12–18 Uhr, €).
Direkt an der Promenade auf der Höhe Salzstraße befindet sich die **Brasserie** 3 (Salzstr. 35, T 0251 981 69 80, www.deine-brasserie.de, So–Do 9–22, Fr/Sa 9–23 Uhr, €–€€).
Von der Promenade leicht zu erreichen sind auch das **Café Extrablatt Königsstraße** 4 (► S. 34) sowie die **roestbar Kreuzviertel** 5 (► S. 61).

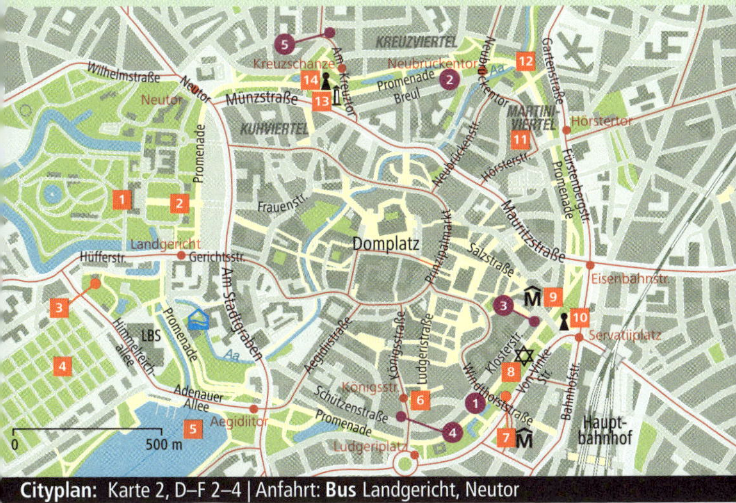


**Cityplan:** Karte 2, D–F 2–4 | Anfahrt: **Bus** Landgericht, Neutor

*Einst Teil der mittelalterlichen Stadtmauer: der Buddenturm*

## Buddenturm und nördliche Promenade

Die eindrucksvollen mächtigen Linden prägen die nördliche Promenade, welche die Altstadt vom schmucken Kreuzviertel trennt. An der Kreuzung mit der Nordstraße ist der auffällige **Buddenturm** 13 aus dem 12. Jh. das letzte Relikt der ersten mittelalterlichen Stadtmauer. Der schlanke Turm blieb als einziger erhalten und steht heute freistehend auf einer Wiese. Zur Linken erstrecken sich dahinter die Gassen des Kuhviertels mit seinen zahlreichen und beliebten Restaurants und Studentenkneipen. Ein letztes Stück herrlicher Promenadenallee führt dann schließlich zurück zum zentralen Schlossplatz.

Im Herbst 2021 kehrte ein besonderes Kunstwerk in Sichtweite des Buddenturms 13 an die Promenade zurück: Der sog. Eisenman-Brunnen 14, offiziell »Sketch for a Fountain«, der US-Bildhauerin Nicole Eisenman war 2017 der absolute Publikumsliebling der Skulptur-Projekte gewesen. Mehrere bewusst geschlechtslose Figuren bilden liegend und stehend ein Ensemble, das ein Zeichen für gesellschaftliche, sexuelle Toleranz setzen soll – und zugleich an die jüdischen Vorfahren der Künstlerin erinnert, die 1937 vor den Nazis flüchten mussten. Prompt gab es 2017 aber auch homophobe und antisemitische Schmierereien. Doch eine Bürgerinitiative ermöglichte die dauerhafte Aufstellung der Skulptur. Infos: www.deinbrunnen4ms.de/

### UM DIE ECKE

Wer mehr über die Nazizeit in Münster erfahren will, erreicht über die Warendorfer Straße die historische **Villa ten Hompel** (Kaiser-Wilhelm-Ring 28, 🕮 H 2, T 0251 492 71 01, www.stadt-muenster.de/villa-ten-hompel, Bus 2, 10 Hohenzollernring, Mo, Mi–Do 18–21, Fr–So 14–17 Uhr, Eintritt frei). Von 1940 bis 1944 war sie Sitz der NS-Ordnungspolizei. Von hier wurden die paramilitärischen Polizeibataillone aus dem heutigen NRW befehligt, die auch in den im Zweiten Weltkrieg besetzten Gebieten Europas eingesetzt wurden und dort an den Verbrechen der Nazis beteiligt waren. Auch Deportationszüge in die Vernichtungslager hat die Ordnungspolizei begleitet. 1999 wurde die Villa von der Stadt zum Geschichtsort mit einer informativen Ausstellung umgewandelt (regelmäßig Veranstaltungen).

# Moderne Kunst am Wasser – **Skulpturenpfad am Aasee**

**Münster ist ein internationales Zentrum für moderne Skulpturen. An vielen Orten haben Bildhauer:innen ihre Spuren hinterlassen. Am Aasee führt ein Skulpturenpfad von der Promenade hinaus zum Allwetterzoo. Auf der südlichen Seeseite ehrt die Stadt den bekannten Landschaftsmaler Otto Modersohn.**

Am südwestlichen Rand der Altstadt entstand ab 1925 der Aasee, u. a. um die Altstadt vor Überschwemmungen zu schützen. 1972–76 wurde mit einer Erweiterung der neue Allwetterzoo an den Freizeitsee angebunden. 2008 wurde der

*Der Aasee: gute Laune im Gegenlicht*

Aasee-Park zum »Schönsten Park Deutschlands« gekürt. Vor allem an schönen Sommertagen und an Wochenenden strömen die Münsteraner:-innen an den 40 ha großen Aasee. Die komplette Umrundung ist ohne Abstecher ca. 5,3 km lang.

## Wirbel um die Kugeln

Als 1977 die erste Internationale Skulpturenausstellung nach Münster kam, waren viele Münsteraner zunächst sehr skeptisch. Der Künstler Claes Oldenburg stellte am östlichen Ende des Aasees seine drei **»Giant Pool Balls«** 1 auf und erntete damit zunächst durchaus auch Unverständnis. Doch mittlerweile sind die ›Aaseekugeln‹ eine Art Wahrzeichen, auch wenn die Stadt sie regelmäßig von Graffiti befreien muss. Im Sommer genießen auf der Wiese Scharen von jungen Leuten den Sonnenschein.

Am Nordufer kommt man zur sog. **Goldenen Brücke** 2 am Ausfluss der Aa. Unmittelbar hinter der Brücke war auf der Freifläche des **ehemaligen Zoos** 3 schon 1974 die Wirbel-Skulptur (»Large Vertebrae«) von Henry Moore errichtet worden. Der britische Bildhauer war der Wegbereiter für anspruchsvolle Skulpturen in Münster. Wenige Meter weiter steht die fast nadelförmige Wasser-Plastik von Heinz Mack (1976/77). Zurück am Aasee bieten die **Aaseeterrassen** 1 Segelsport, Bootsverleih und das beliebte **A2 am See** 1 Aussicht auf den See.

**INFOS/ÖFFNUNGSZEITEN**

**Wasserbus Solaaris:** Aaseeterrassen, ► S. 57

**Bootsverleih:** Aaseeterrassen, https://bootsverleih.overschmidt.de, April–Mai, Sept./Okt. Mo–Fr 13–18, Sa/So 10–19, Juni–Aug. Mo–Fr 12–19, Sa/So 10–20 Uhr, Tret-, Ruder-, Paddelboote, 30/60 Min. 8–15/13–20 €

---

**KULINARISCHES FÜR ZWISCHENDRIN**

Sehr populär ist im vorderen Teil des Aasees an schönen Tagen die Sonnenterrasse des **A2 am See** 1 (► S. 96). Am südwestlichen Ende des Aasees locken herzhafte Pizza und Pasta mit Terrasse, tollem Seeblick und gutem, schnellen Service im **Moro 112** 2 (Mecklenbecker Str. 112, T 0251 79 67 65, https://moro112.de, tgl. 12–23 Uhr, €–€€). Abends ist das **Relax** 3 (Hotel Seezeit, Bismarckallee 47, T 0251 96 19 83 83, https://relax-muenster.de, Di–Do 16–22, Fr/Sa 15–22, So 11.30–21.30 Uhr, €–€€) eine weitere Anlaufstelle, So bis 14 Uhr Brunch. Neben der Mensa ist das Café **Hier und Jetzt** 4 (Bismarckallee 11, T 0251 83 79 53 67, Mo–Fr 11–22 Uhr, €) ein rein vegetarisch-veganes Bistro, im Sommer mit Dachterrasse.

**Cityplan:** B–E 4–6 | **Anfahrt: Bus** 2, 4, 10 Schützenstraße, **Bus** 14 Aegidiitor

## Pier, Antenne und Pavillon

Entlang des Ufers gelangt man zu einem hölzernen **Pier** 4, den Jorge Pardo 1997 als Skulptur entworfen hat (2023 erneuert). Rechts des Weges schuf Ilya Kabakov im selben Jahr seine Antennen-Installation **»Blickst du hinauf und liest die Worte...«** 5. Dazu sollte man sich unter der Antenne ins Gras legen und »in den offenen Himmel schauen«, um den an Goethe angelehnten Text lesen zu können. Noch weiter rechts auf der Wiese ist der gläserne **Wewerka-Pavillon** 6 ein Ausstellungsort für moderne Installationen.

Auf dem Aasee hat 2006 die schwarze Schwanendame Petra für Schlagzeilen gesorgt. Schrecklich verliebt verfolgte sie einen weißen Tretboot-Schwan.

## Allwetterzoo und Aa-Zufluss

Jenseits der Torminbrücke hat Donald Judd 1977 zur Rechten zwei mysteriöse konzentrische Ringe **»Ohne Titel«** 7 auf der Wiese platziert. Zur Rechten erscheint bald das Freilichtmuseum **Mühlenhof** 8 und dann verbindet ein Kanal den Aasee mit dem **Allwetterzoo** 9. Direkt hinter der Brücke appelliert die rostbraune Skulptur **»Zusammenleben«** 10 auf Initiative des iranischen Künstlers Mahmoud Torabi an das friedliche Miteinander in einer multikulturellen Gesellschaft. Dahinter schließt sich ein kleiner Hügel mit Aussichtspunkt und Picknickstelle an.

Vom renaturierten Zufluss der Aa führt eine schöne Verlängerung des Spaziergangs zum **Haus Kump** 11, das zum Tagungs- und Handwerkerbildungszentrum ausgebaut wurde.

Otto Modersohn (1865–1943) durchstreifte oft das Aatal. Als Jugendlicher zeichnete er es rund 45 Mal. Am südlichen Aasee-Ufer zeigen Schautafeln am ›Modersohnweg‹ sein Frühwerk. Irgendwie auch eine Lovestory, oder?

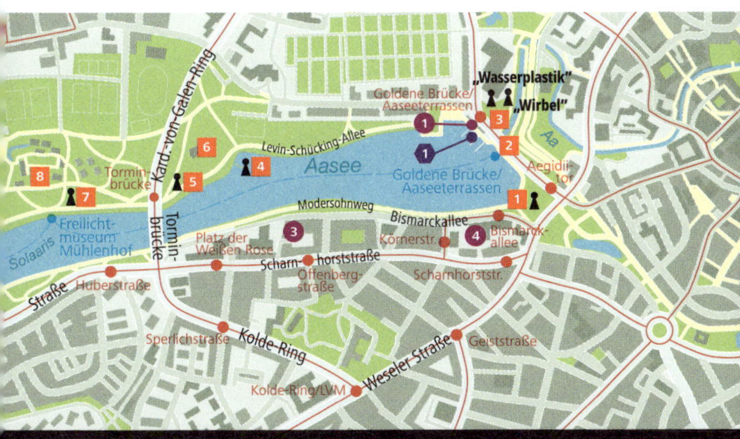

# Familienattraktionen im Grünen – **rund um den Allwetterzoo**

**Am westlichen Ende des Aasees ermöglichen gleich mehrere Attraktionen einen kurzweiligen Familienausflug. Der Allwetterzoo mit dem Westfälischen Pferdemuseum ist ein Muss. Gleich nebenan entführt im LWL-Naturkundemuseum das Planetarium in die Welt der Sterne, während das Freilichtmuseum Mühlenhof rund um eine Windmühle die bäuerliche Welt früherer Tage bewahrt.**

In dem dicht zusammenliegenden Bereich zwischen Allwetterzoo und Mühlenhof lässt sich gut und gerne ein halber oder sogar ganzer Tag verbringen, wenn man alle familienfreundlichen Attraktionen besucht.

*Ob dieser Allosaurus schon gefrühstückt hat?*

## Ein Zoo für jedes Wetter

Münsters wichtigste Familienattraktion ist der 1974 eröffnete **Allwetterzoo** 1 am westlichen Ende des Aasees mit seinem überdachten Rundgang. 2002 konnte die Attraktivität durch die Einrichtung des **Westfälischen Pferdemuseums** auf dem Zoogelände noch gesteigert werden. Hier steht die Welt der Pferdezucht und des im Münsterland äußerst beliebten Pferdesports im Mittelpunkt.

Weitere Projekte kamen hinzu: der vergrößerte Elefantenpark, der ›Robbenhaven‹ sowie 2023 die spektakuläre, tropische Meranti-Halle. Ansonsten bietet der Zoo von Giraffen, Zebras und Löwen über Nashörner, Bären und Tiger bis zu Eisbären und Pinguinen einen breiten Querschnitt durch die Tierwelt. Bei Kindern sehr beliebt sind die regelmäßigen Fütterungen; auch attraktive Sonderveranstaltungen.

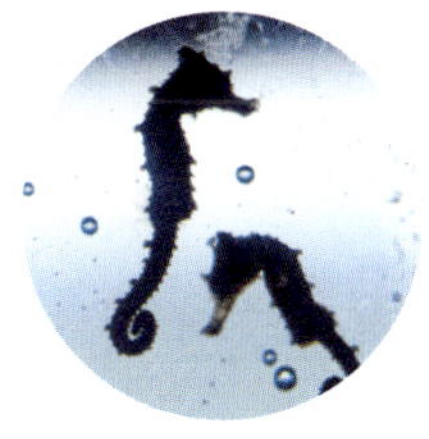

*Ähneln Pferden, sind aber Fische: die ein Gramm schweren Hippocampus-Seepferdchen im Allwetterzoo.*

## Wale, Dinos und der Weg ins All

Neben dem Allwetterzoo lädt das **LWL-Naturkundemuseum** 2 mit spannenden Ausstellungen zu Dinosauriern und zur Tierwelt Westfalens zu einem Rundgang ein. Draußen sind zudem einige Dinosaurier-Plastiken aufgestellt. Highlights sind gleich am Eingang der größte Riesenammonit der Welt, eine Mammut-Rekonstruktion sowie das riesige Skelett eines Pottwals, der 2011 bei Pellworm gestrandet war. Auch spannende Sonderausstellungen gehören zum Angebot. Das ins Museum integrierte hochkarätige **LWL-Planetarium** entführt nach kompletter Renovierung seit 2022 wieder mit spektakulären High-Tech-Shows professionell und immer aktuell in die Weiten des Weltraums.

Seit 2012 pendelt der solargetriebene **Wasserbus Solaaris** umweltfreundlich zwischen den Aaseeterrassen/Goldene Brücke, dem Mühlenhof und dem Allwetterzoo/Naturkundemuseum. Die gemütliche Rundfahrt dauert eine Stunde. Tickets gibt es an Bord. Oder warum nicht schon bei mobilé am Hauptbahnhof (► S. 111)? Dann können Sie sogar kostenlos mit dem Bus an- und abreisen.

Infos: T 0251 849 30 00, https://solaaris.de, Ostern–Okt. tgl. 10–17 Uhr, Abfahrt stdl., Rundfahrt 10/7,50 €).

## Bäuerliche Welt von einst

Ein Besuch des liebevoll zusammengestellten Gebäudeensembles im **Freilichtmuseum Mühlenhof** 3 vermittelt ein wenig von den inzwischen ausgestorbenen traditionellen Lebensformen im Münsterland. Handwerkerstuben eines Drechslers, Schmieds oder Schreiners sowie eine Dorfschule, eine aktive Backstube und ein Mühlenhaus von 1619 sind auch für Kinder sehr anschaulich. Durch ein interessantes Veranstaltungsprogramm, wie z. B. Lichterfest, Töpfer- und Weihnachtsmarkt, bietet das Museum immer

**Cityplan:** A/B 5/6 | **Anfahrt: Bus** 14 Mühlenhof, Zoo/Naturkundemuseum

INFOS

Der Wasserbus Solaaris (► S. 57) hält direkt am Allwetterzoo und ca. 200 m vom Mühlenhof (nur auf der Hinfahrt).

---

ÖFFNUNGSZEITEN

**Allwetterzoo/Westfälisches Pferdemuseum** 1: Sentruper Str. 315, T 0251 890 40, www.allwetterzoo.de, www.pferdemuseum.de, April–Sept. tgl. 9–19, März/Okt. tgl. 9–18, Nov.–Febr. tgl. 9–17 Uhr, 12,90–21,90 € (ab 2 Std. vor Schließung erm. Eintritt, alle Tickets inkl. Pferdemuseum)

**LWL-Naturkundemuseum/Planetarium** 2: Sentruper Str. 285, T 0251 591 60 50, www.lwl-naturkundemuseum-muenster.de, Di–So 9–18 Uhr. Eintritt Museum 7,50/4/0 €; Planetarium 9/5/4,50 €, Kombiticket 15/8 €

**Mühlenhof** 3: Theo-Breider-Weg 1, T 0251 98 12 00, www.muehlenhof-muenster.org, März–Okt. tgl. 10–18, Nov.–Febr. Di–So 10–17 Uhr, 6/4/3,50 € (nur Kartenzahlung)

---

KULINARISCHES FÜR ZWISCHENDRIN

Alle Attraktionen verfügen über Cafés.

wieder spannende Events. Auch traditionsreiches Handwerk wie das Weben oder die Imkerei werden hier vorgeführt. Kleine Gäste mögen zudem die Esel, Ziegen und Pfauen.

Überragt wird das ›Bauerndorf‹ von einer Bockwindmühle (19. Jh.) die aus dem Emsland an den Aasee verpflanzt wurde. Der stilechte Dorfkrug lädt zu Kaffee und Kuchen ein – Zugang für reine Spaziergänger:innen kostenlos.

# Charme der Gründerzeit – **das Kreuzviertel**

**Nördlich der Promenade erstreckt sich das schicke Kreuzviertel. Prächtige Jugendstil- und Gründerzeithäuser bestimmen das Bild. Mittelpunkt des Quartiers ist die Kreuzkirche, rundum finden sich einladende Cafés und Restaurants. Das Viertel zählt heute zu den begehrtesten Wohngegenden der Stadt.**

Startpunkt des Rundgangs ist der **Buddenturm** 1 an der Promenade auf der Höhe des mittelalterlichen Kreuztors. Während der freistehende Turm (12. Jh.) nur wenig von der Wehrhaftigkeit der alten Stadtbefestigung verrät, zeichnet der kleine Park nördlich der Promenade die Umrisse der einstigen **Kreuzschanze** 2 ab, die der Stadtmauer vorgelagert war. Gleich das erste Haus an der Straße Am Kreuztor, die vom Buddenturm an der

*Gründerzeit pur im kultigen Kreuzviertel*

Im schicken Kreuzviertel sind gleich zwei ambitionierte lokale Kaffeeröster mit Cafés vertreten: Die **roestbar** 1 von Sandra Götting und Mario Joka sowie **Herr Hase** 2 von Sven Hasenclever. Beide haben die Kaffeekultur in Münster deutlich nach vorn gebracht. Die roestbar beliefert z. B. auch die Kaffeegiesserei (► S. 93) Herr Hase u. a. Raphaels Eismanufaktur (► S. 98).

*Mario Joka überprüft in seiner roestbar die Qualität der Kaffeebohnen.*

Kreuzschanze vorbei ins Viertel führt, ist die **Villa Terfloth** 3. Bauherr der romantischen Villa mit Pseudo-Turm war 1904 der Lebensmittel-Großhändler Robert Terfloth, seinerzeit Vorsitzender der Münsteraner Kaufmannschaft. Nun geht es rechts in die Von-Langen-Straße und dann links in die Kampstraße.

## Rund um die Kreuzkirche

Zentraler Blickfang am Straßenende ist die neogotische **Kreuzkirche** 4, die 1899–1902 der Regierungsbaumeister Hilger Hertel d. J. als zentrales Element des neuen Stadtteils errichten ließ.

Rund um die Kirche verleihen mehrere Restaurants, Bistros und Eiscafés dem Platz etwas südländischen Charme. Bei schönem Wetter trifft sich hier die Nachbarschaft auf ein Schwätzchen bei Pizza, Eis, Kaffee oder Aperol.

## Der schönste Straßenzug

An der Nordseite der Kreuzkirche führt die Dettenstraße nach wenigen Metern zur Raesfeldstraße. Schon die Straßenkreuzung ist durch die bunten Bürgerhäuser mit Prunkfassaden und Giebeln ein Augenschmaus. Vielleicht ist dies sogar die schönste Kreuzung in Münster. Nach rechts durchschneidet die Coerdestraße das Stadtviertel, auch die Kettelerstraße auf der anderen Kreuzungsseite verfügt über ansehnliche Häuser.

UM DIE ECKE

Das Kreuzviertel ist auch ein wichtiges Kulturviertel: Am beschaulichen Kanonierplatz ist das **Schlosstheater** 1 (► S. 109), das wohl schönste Programmkino Münsters, das zusammen mit dem Cinema regelmäßig für sein anspruchsvolles Programm ausgezeichnet wird. Hier stehen vor allem europäische Filmproduktionen im Vordergrund. Das Café im Schlosstheater ist sehr einladend.

Nordöstlich bringt jenseits der Aa das **Theater im Pumpenhaus** 2 (► S. 109), das im Jahr 1985 mit einem Stück über die Wiedertäufer startete, zeitgenössische Stücke auf die Bühne. Die zum Teil experimentellen Produktionen und die zahlreichen Gastauftritte beleben die Kulturszene der Stadt.

Der weitere Rundgang führt jedoch links in die Raesfeldstraße, wo die Häuser **Raesfeldstraße 13/ Nordstraße 34** 5 sowie **Raesfeldstraße 18–22** 6 sogar teils mit Fachwerk und Loggien gestaltet wurden. Sehr markant wirken die prächtigen Eckhäuser (1904–06) an der Kreuzung zur Nordstraße. Eine Ecke weiter galt die **Gertrudenstraße** 7 früher als ›Professorenstraße‹. Die Doppelhäuser mit den Hausnummern 28/30, 32/34 und 33/35 wurden Anfang des 20. Jh. für die Universität und hohe Beamte gebaut. Die Studtstraße führt zurück zur **Kreuzkirche** 4.

KULINARISCHES FÜR ZWISCHENDRIN

Sehr guten selbst gerösteten Kaffee sowie Kuchen und Sandwiches bietet das Eckcafé **roestbar Kreuzviertel** 1 (Nordstr. 2, www.roestbar.com, Mo–Sa 9–18, So 10–18 Uhr, €). Ein weiterer netter, fair handelnder Kaffeeröster ist **Herr Hase** 2 (Gertrudenstr. 19/ Studtstr., www.herr-hase.com, Mo 12–18, Di–So 9–18 Uhr), auch Kuchen, Schnittchen und Frühstück.
Schräg gegenüber ist die sympathische **Pizzeria Italia da Aldo** 3 (Gertrudenstr. 22/Studtstr., T 0251 252 81, www.ristorante-daaldo.de, Di–So 12–14.30 17.30–22 Uhr, €–€€) seit 1973 eine bewährte Traditionsadresse. An der Kreuzkirche ist auch der **Nordstern** 3 (► S. 105) ein Klassiker.
Leckeres Eis und günstige Pasta gibt es gegenüber im **Eiscafé Santelia** 4 (Hoyastr. 2, T 0251 29 63 22, tgl. 9.30–23 Uhr, €). Empfehlenswert sind hier zudem das anspruchsvolle Restaurant **Die Glocke** 5 (► S. 99) sowie die lockere Bistro-Bar **Grotes** 6 (Kampstr. 26, T 0251 27 47 00, https://grotes.ms, Mo–Fr 18–22, Sa/So 10–22 Uhr); Sa/So bis 13.30 Uhr auch leckerer Brunch, €–€€.

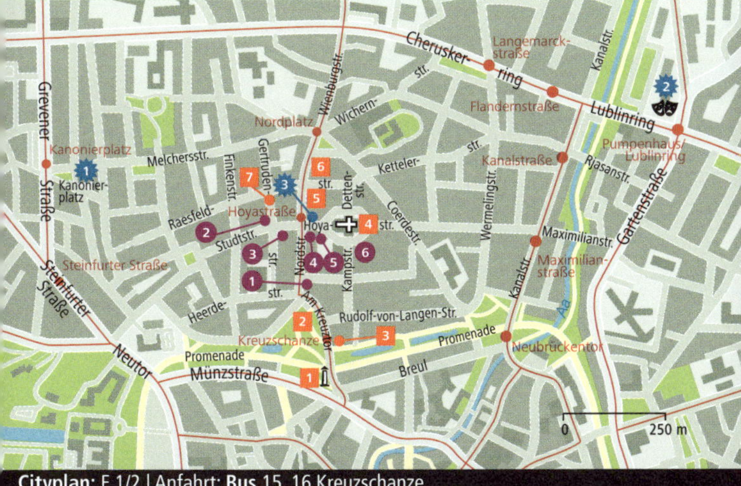


**Cityplan:** E 1/2 | **Anfahrt: Bus** 15, 16 Kreuzschanze

# Freizeit und Kultur – **Strukturwandel am Hafen**

**Das Hafenviertel hat sich in den vergangenen zwei Jahrzehnten rasant entwickelt. Neben dem Wolfgang-Borchert-Theater und dem Cineplex hat sich eine bunte Mischung aus Gastronomie, Büros und Galerien angesiedelt. Weil das Viertel derart angesagt ist, wird seit Jahren in der Stadt engagiert und kontrovers über die weitere Entwicklung diskutiert.**

*Zu mir? Oder zu dir? Oder zum Thai? Nö, zum Kreativ-Kai.*

1899 kam die maritime Welt nach Münster, als mit dem Dortmund-Ems-Kanal ein 740 m langer Stadthafen entstand. Dieser entwickelte sich schnell zu einem wichtigen Motor der Industrialisierung und des städtischen Wachstums. Ab den 1970er-Jahren ging es jedoch dramatisch abwärts. In die sich leerenden Hafengebäude zogen zunächst alternative Betriebe ein, bis in den 1990ern plötzlich das Schlagwort vom ›Kreativkai‹ die Runde machte.

## Rund um den Hafenplatz

Ausgangspunkt dieses Rundgangs ist der **Hafenplatz** 1 am Albersloher Weg. Hier ist der postmoderne Strukturwandel besonders deutlich spürbar. Zur Rechten ist das **Cineplex** 1 das größte Kino Münsters. Auch die **Stadtwerke** 2 und eine Bank haben sich moderne Bürotempel an den Hafenplatz gesetzt.

## Industriekultur und Partymeile

Vom Hafenplatz führt der Weg an der linken Seite des Hafenbeckens entlang. Postmoderne Bürogebäude bestimmen das Bild. Im Erdgeschoss sind Cafés und Restaurants eingezogen, während die Stadt an der Wasserkante eine Promenade eingerichtet hat.

Erst im ›mittleren‹ Teil des Hafens sind alte Speichergebäude erhalten geblieben. Eine sehr gelungene Idee war die Einrichtung eines Ausstellungs- und Ateliergebäudes im **Speicher II** 3, wo insgesamt immerhin 32 Ateliers und zusätzlich die **Kunsthalle Münster** untergebracht sind.

In diesen alten Speichern haben sich auch so unterschiedliche Nutzer angesiedelt wie der **Hot Jazz Club** 2 oder der bekannte Kinderbuchverlag Coppenrath. Vorbei an der Brachfläche der ehemaligen Osmo-Hallen liegen die restlichen Speicher an der Hafenspitze 5 (mit Wolters im Speicher 4, ► S. 97).

## Wandel an der Südseite

Mittlerweile befindet sich auch die noch stärker industriell geprägte Südseite des Hafens im rasanten Wandel. Unter der engagierten Intendanz von Meinhard Zanger hat das **Wolfgang-Borchert-Theater** 3 2014 das Doppelgebäude des **Flechtheim- und Rhenus-Speichers** 6 am Mittelhafen bezogen. Das neue Domizil des ›WBT‹ war einst ein Getreidespeicher der Firma Flechtheim. Heute steht es als ältestes erhaltenes Hafengebäude (1899) unter Denkmalschutz. Wenige Meter weiter hat sich die biologisch produzierende **Hafenkäserei** 7 angesiedelt. Einen kulturellen

1925 kommentierte der 26-jährige Sportjournalist Bernhard Ernst in der Westdeutschen Funkstunde am Albersloher Weg live erstmals landesweit ein Fußballspiel. Arminia Bielefeld siegte in Münster mit 5:0. Aufgrund einer technischen Panne musste Ernst allerdings per Telefon kommentieren. Den Reportage-Pionier Ernst ehrt heute eine vom Hafenplatz abgehende Straße. Und aus der Westdeutschen Funkstunde wurde später der WDR.

*Chillen mit einem Cocktail ist vor allem am Hafen an Sommerabenden eine gute Idee.*

Aufbruch soll das alternative und seit Jahren sehr agile Kulturzentrum **B-Side** 8 bringen. Der dafür vorgesehene Hill-Speicher wurde entsprechend

INFOS/ÖFFNUNGSZEITEN

**Kunsthalle Münster:** Hafenweg 28, Speicher II 3, www.kunsthallemuenster.de, Di–So 12–18 Uhr, Eintritt frei
**mike karstens galerie:** Hafenweg 28, Speicher II 3, www.mikekarstens.com, (geöffnet nur bei Ausstellung), Eintritt frei
**Galerie Laing** 4: Hafenweg 46, www.galerie-laing.com, Do/So 14–18 Uhr (wenn Ausstellung), Eintritt frei.
**Hafenkäserei** 7: Am Mittelhafen 20, T 0251 674 40 00, https://hafenkaeserei.de, Mittagsbuffet Mo–Do 12–14, Käse, Kaffee, Kuchen So 14–18 Uhr, »Genießertouren« (mit Verkostung, reservieren!)
**B-Side** 8: Am Mittelhafen 42, https://b-side.ms

KULINARISCHES FÜR ZWISCHENDRIN

An Wochenenden sind die Restaurants und Cafés im Hafen gut ausgebucht.
Mit dem **Pasta e Basta al Porto** 1 (Hafenweg 24a, T 0251 61 89 99 63, Mo–Fr 12–14.30, 18–22, Sa ab 17, So 12–23 Uhr, €–€€) gibt es im vorderen Teil des Hafens nicht weit von der Kunsthalle einen guten Italiener.
Die Terrasse des **Café Sieben** 2 (Hafenweg 18–20, T 0251 609 13 70, www.cafesieben.de, Mo–Fr 14 Uhr–open end, Sa/So 12 Uhr–open end, €–€€) ist eine solide Adresse für einen Kaffee, einen Drink oder ein Bistrogericht.
Wer abseits des besonders belebten Bereiche lecker mediterran speisen möchte, sollte abends das **Wolters im Speicher** 3 (► S. 96) aufsuchen. Die **Hafenkäserei** 7 bietet wochentags Mittagstisch.
Auch **Raphaels Eismanufaktur** 4 (► S. 98) und die **Kaffeegiesserei** 5 (► S. 93) am benachbarten Hansaring sind leicht zu erreichen.

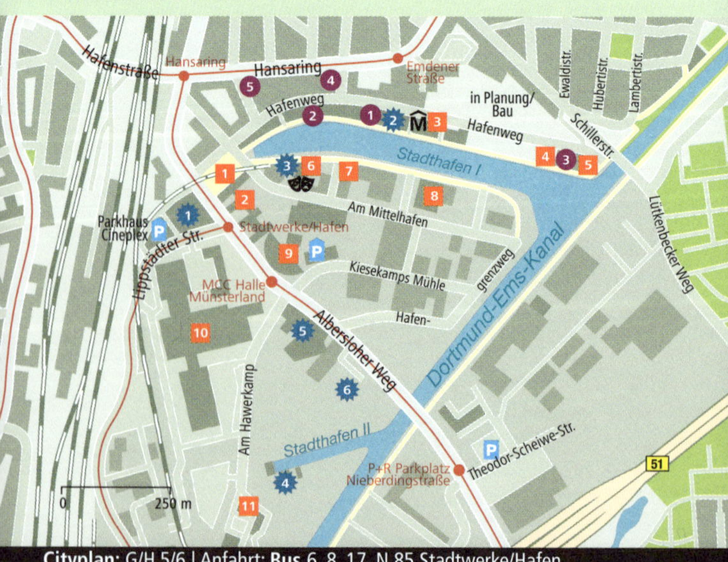


**Cityplan:** G/H 5/6 | **Anfahrt: Bus** 6, 8, 17, N 85 Stadtwerke/Hafen

*Im mittleren Teil des Hafens blieben die alten Speicher erhalten. Und das ist auch gut so.*

umgebaut. Die rührige Kreativ-Initiative ist ein Lichtblick im Hafenviertel.

## Quo vadis, Hafen?

Viele Hafenflächen gelten als heißbegehrtes Bauland. Die Anwohner:innen fürchten steigende Mieten und wachsenden Verkehr. Besonders umstritten war der Bau des Hafenmarkts am Hansaring. Um dringend benötigten finanzierbaren Wohnraum geht es bei der weiteren Nutzung des ehemaligen Osmo-Geländes zwischen Hafen und Schillerstraße – bislang ist keine Lösung in Sicht. Das gilt auch für die Verkehrsprobleme an der nördlichen Hafenseite.

Auf der Südseite wird seit Jahren fleißig gebaut, aber das städtische Kraftwerk ist weiterhin kein inspirierender Anblick.

*Verladekran*

## Kongresse und Konzerte

Zurück am Albersloher Weg fungiert gegenüber vom modernen **Stadthaus 3** 9 die **MCC Halle Münsterland** 10 als Veranstaltungs-, Kongress- und Messezentrum. Hier gaben die Rolling Stones 1965 ihr erstes Deutschland-Konzert.

UM DIE ECKE

Jenseits der Halle Münsterland hat sich am **Hawerkamp 31** 11 (https://am-hawerkamp.de) inmitten ehemaliger Industrieflächen ein Stück Alternativkultur erhalten. In alten Werkshallen und -gebäuden entstand eine quirlige und kreative Insel für Vereine, Künstler und alternative Musikklubs. Der **›Hawerkamp‹** ist heute in Münster ein Begriff. Eine willkommene Ergänzung ist die stimmungsvolle Open-Air-Sommerlocation **Coconut Beach** 4 (www.coconutbeach.de) am brachliegenden Stadthafen II. Eine weitere Brache am Albersloher Weg wird im Herbst für das Festzelt des **Münsteraner Oktoberfests** 6 (www.oktoberfest-muenster.de) genutzt.

Steffi Stephan hat als Bassist mit Udo Lindenberg das Panikorchester gegründet und stand auch mit Peter Maffay auf der Bühne. 2008 eröffnete er mit Sohn Marvin Lindenberg seinen Musikklub **Jovel Music Hall** 5 am Albersloher Weg/Ecke Hawerkamp neu. Das Jovel bringt seit 40 Jahren Musiker nach Münster, darunter BAP und Marius Müller-Westernhagen.

# ›Pilgern‹ auf dem Prozessionsweg – **zur Werse**

**Der Osten von Münster ist entlang der aufgestauten Werse landschaftlich reizvoll und ein Idyll zum Radeln, Spazierengehen und Kanufahren. Der wunderbar angelegte Prozessionsweg führt aus der Stadt hinaus zur malerischen Pleistermühle. Dort kann man zu einer erholsamen Kanu-Tour starten.**

Diese 12 bzw. 18 km lange Tour lässt sich gut per Rad durchführen. Ausgangspunkt ist die Promenade in Höhe der **Salzstraße** 1. Von dort geht es über die Warendorfer Straße, vorbei am hervorragenden Programmkino **Cinema** 1 (mit Café Garbo, ► S. 94), dann über die Oststraße und den Mauritz-Steinpfad zur ersten Station.

*Ideal für eine Kanutour: die Werse an der Pleistermühle*

*Und Action: Rund 4500 km beschilderte Radwege hat das Münsterland.*

## Prozessionsweg

Die Pfarrkirche **St. Mauritz** 2 wurde schon um 1070/80 vor den Toren von Münster gegründet. Das dazugehörige Stift wurde 1811 aufgelöst. Von der ursprünglich romanischen Kirche sind noch die beiden schlanken Osttürme erhalten, die damit zu den ältesten Bauresten Münsters zählen. Auch die Erphokapelle stammt aus dem 12. Jh. Der um 1470 errichtete Chor ist hingegen spätgotisch geprägt.

Am Friedhof vorbei wird am Mauritz Lindenweg der Beginn des **Prozessionswegs** 3 erreicht. Der Weg geht bereits auf das Jahr 1609 zurück und wird bis heute für Wallfahrten nach Telgte (► S. 80) genutzt.

Die idyllische Lindenallee ist eine der schönsten in Münster und führt schnurstracks zum **Dortmund-Ems-Kanal** 4, der in den nächsten Jahren ausgebaut werden soll.

## Vom Kanal zur Pleistermühle

Jenseits des Kanals wurde das **Weiße Kreuz** 5 1708 von Johann Wilhelm Gröninger geschaffen. Nun bestimmen Wald und Wiese das Bild, bevor es unter der B 51 hinweg und durch den Villen-Vorort St. Mauritz weiter geradeaus geht. Auf dem letzten Stück säumen inmitten grüner Felder hohe Bäume den Prozessionsweg, bis er an einer roten **Wallfahrtskapelle** 6 von 1897 endet. Von dort führt der Pleistermühlenweg rechts nach 1 km zum malerischen Ensemble der **Pleistermühle** 7.

Der **Landgasthof Pleister Mühle** 1 ist eine traditionsreiche Adresse. Gleich nebenan er-

Von der Pleistermühle aus können Sie die Tour vielfältig verlängern. Am Werseufer kreuzt der ›Werse Rad Weg‹. Nach Norden gelangen Sie über Handorf, Haus Dyckburg (5 km) und Gut Havichhorst (7,5 km) nach Gelmer (12 km) mit Anschluss an den Radschnellweg am Dortmund-Ems-Kanal und in die Rieselfelder (► S. 69, insgesamt 14 km). Ebenfalls sehr reizvoll ist die beschilderte Route von der Pleistermühle weiter zum schmucken Wallfahrtsort Telgte (8,5 km, ► S. 80).

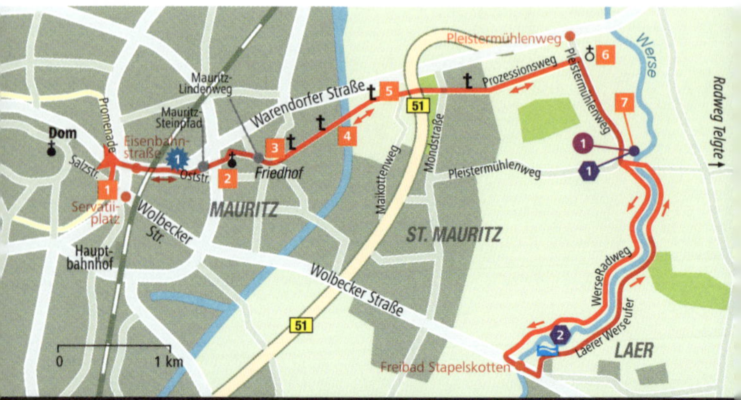


**Cityplan:** F–K 2/3 und außerhalb | Ausgangspunkt: **Bus** Servatiiplatz, Eisenbahnstraße (Freibad Stapelskotten: **Bus** 22, R22, R32)

INFOS/ÖFFNUNGSZEITEN

**Kanustation Pleistermühle 1:** Pleistermühlenweg 196, T 02571 982 73 (Rucksack-Reisen), www.kanuverleih-pleistermuehle.de, Mai, Sept. Sa/So 10–18 Uhr, Juni–Aug. Mo–Fr 14–18, Sa/So 10–18 Uhr, 12–24 €/3 Std. (online buchbar, vor Ort auch Stundentarife)
**Freibad Stapelskotten 2:** Laerer Werseufer 2, T 0251 31 18 20, Mai–Mitte Sept. Mo 12–20, Di–So 9–20 Uhr, 4/2 €

KULINARISCHES FÜR ZWISCHENDRIN

Ein sehr beliebtes Ausflugsziel und zugleich eine nette Übernachtungsmöglichkeit (► S. 90) im Grünen ist der Landgasthof **Pleister Mühle 1** (Pleistermühlenweg 196, T 0251 13 67 60, www.pleistermuehle.de, Mo, Do/Fr 17–22.30, Sa/So 12–21.30 Uhr, €€–€€€) neben der Kanustation. Montags gibt es Reibekuchen und am Wochenende auch Kaffee und Kuchen. Zum Haus gehört eine Minigolfanlage (4,50 €/Runde).

möglicht die **Kanustation Pleistermühle 1** den Umstieg ins Kanu und Kajak oder aufs SUP-Board, um die aufgestaute Werse in aller Ruhe zu erkunden.

## Durch die Flussaue nach Stapelskotten

Eine sehr schöne, 6 km lange Schleife führt am westlichen Werse-Ufer über den naturnahen Rad-/Fußweg nach Süden Richtung Stapelskotten. So gelangt man auch in einen verbliebenen Auwald-Bereich, der unter Naturschutz steht. Unter dem dichten Laubdach sind Spaziergänge und Radtouren sehr erholsam. Am Am gegenüberliegenden Ostufer entstanden im Laufe der Zeit Ferienhäuser sowie das einladende **Freibad Stapelskotten 2**.

Am östlichen Werse-Ufer geht es zurück zur Pleistermühle und von dort über den Hinweg zurück in die Stadt.

# Schilf, Vogelgeschrei und weiter Horizont – **die Rieselfelder**

**Die Rieselfelder im Norden von Münster sind eines der wichtigsten Vogelschutzreservate in NRW. Auf den flachen, von Schilf umrandeten Wasserflächen machen im Frühjahr und Herbst zahllose Zugvögel Rast. In diesem wunderbaren ›Paradies aus Menschenhand‹ herrscht eine erstaunliche Artenvielfalt.**

Zentraler Ausgangspunkt für Erkundungen ist die **Biologische Station Rieselfelder** 1 an der Coermühle 181. Hier informiert eine jederzeit frei zugängliche kleine Ausstellung über die Artenvielfalt in den Rieselfeldern sowie über aktuelle Sichtungen von Vögeln. Es gibt auch Info- und Kartenmaterial sowie einen Lehrpfad.

*Auch Bekassinen fühlen sich in den flachen Teichen wohl.*

Mit dem Rad sind es aus der Innenstadt von Münster je nach Route 9 bis 10 km zur Biologischen Station. Die einfachste Route führt von der Promenade ab Neubrückentor über die Kanalstraße nach Norden aus der Stadt hinaus. Schließlich geht es rechts in die Straße ›Zum Rieselfeld‹, die hinter dem ersten Bahnübergang links weiter führt. Nach der Querung eines zweiten Bahnübergangs führt die Straße ›Coermühle‹ schräg links zum Heidekrug und zur Biologischen Station. Für den Rückweg: ► S. 72.

*Diesmal kein ›Trauer‹-Schwanenpaar*

Rundum herrscht vor allem im Frühjahr und Herbst hektisches Treiben, wenn Tausende Zugvögel, darunter viele Enten, Gänse und Watvögel, auf den Teichen und Feuchtwiesen Station machen. Aber auch viele Brutvögel haben die von dichten Schilfgürteln geschützten Wasserflächen für sich entdeckt.

## Von der Kläranlage zum Naturschutz

Seit 1901 hatte die Stadt ihre Abwässer in mehr als 500 Parzellen auf einer bis zu 640 ha großen Fläche geklärt. In den 1960er-Jahren war dann aber die Belastungsgrenze erreicht und die Verrieselung wurde mit dem Bau der Hauptkläranlage 1975 eingestellt.

Natürlich gab es viele Begehrlichkeiten für das Areal, sogar ein riesiger AKW-Komplex war 1974 kurzzeitig im Gespräch. Doch schon Ende der 1960er-Jahre hatten Vogelkundler die Einrichtung eines Naturschutzgebiets gefordert, denn die offenen, sehr flachen und nährstoffreichen Wasserflächen der Rieselfelder waren für Zug- und Watvögel ideal. Der 1974 gegründete Verein der Biologischen Station konnte schließlich 1976 die Anpachtung von 233 ha durchsetzen.

## Europäisches Vogelschutzgebiet

Seither konnte die Fläche auf gut 400 ha ausgeweitet werden und die Rieselfelder haben aufgrund ihrer Einmaligkeit internationalen Schutzstatus erlangt. 1979 wurde das Areal als Europäisches Vogelschutzgebiet ausgewiesen, 1983 folgte unter der RAMSAR-Konvention die Ausweisung als Feuchtgebiet von internationaler Bedeutung und 1998 wurde der nördliche Teil zum Naturschutzgebiet erklärt. Bis auf wenige Querverbindungen zwischen Hessenweg und Wöstebach ist dieser Bereich gesperrt. Der südliche Teil hingegen wurde als Naturerlebniszone über zum Teil barrierefreie Wege und Aussichtspunkte für Besucher:innen erschlossen.

Besonders erfreulich ist, dass in den Rieselfeldern die Artenvielfalt nicht ab-, sondern zunimmt. Es gibt rund 200 Vogelarten, wovon einige in Nordrhein-Westfalen nur hier brüten, darunter die Zwergrohrdommel, der Rohrschwirl, der Schilfrohrsänger und die Beutelmeise. Sehr gern gesehene Gäste sind die seltenen Blaukehlchen. Selten sind zudem Uferschnepfen sowie Rot- und Grünschenkel. Auf den Feuchtwiesen sind andernorts inzwischen bedrohte Kiebitze anzutreffen. Dazu kommt, dass sich hier eine der größten Schilfflächen des Landes befindet, die z. B. Rohrammern, Teichrohrsängern und Rohrweihen Lebensräume bietet.

## Naturerlebnispfad und Rieselfeldhof

Ab 1997 entstand südlich der Biologischen Station und der Durchgangsstraße Coermühle ein Naturerlebnispfad, der auf Schautafeln viele Hintergrundinfos präsentiert. Erste Station ist dabei der **Große Stauteich** 2 auf der anderen Straßenseite, der eine beliebte Anlaufstelle für Zugvögel und Dauergäste ist. Von einer Beobachtungshütte und einem Aussichtsturm an der Westseite lässt sich per Fernglas das rege Treiben auf der größten Wasserfläche der Rieselfelder beobachten.

Auf den verbliebenen Weideflächen siedelte die Biologische Station ca. 40 Heckrinder an,

INFOS

**Biologische Station Rieselfelder** 1: Coermühle 181, T 0251 16 17 60, www.rieselfelder-muenster.de, aktuelle Infos und regelmäßig Führungen

**Rieselfeldhof** 4: Coermühle 100, www.rieselfelder-muenster.de, So 12–17 Uhr, Eintritt frei

KULINARISCHES FÜR ZWISCHENDRIN

Der **Heidekrug** 1 (Coermühle 100, T 0251 16 20 444, www.heidekrug muenster.de, April–Okt. Küche Di–So 12.30–20.30, Winter Fr–So 12–20 Uhr, €–€€) am Rieselfeldhof ist ein über 100 Jahre altes rustikales Bauerncafé mit Terrasse. Auf dem Dach nistet ein Storchenpaar!

SPARGELHÖFE

Am nördlichen Rand der Rieselfelder gibt es zwei beliebte Spargelhöfe: **Lütke-Laxen** 2 in Gelmer, **Bäcker** 3 in Gittrup (► S. 99).

**Cityplan:** Karte 3, C 2 | **Anfahrt:** **Bus** 4 Rieselfelder

*Besonders viele Heckrinder gibt es in Holland. Aber auch in den Rieselfeldern von Münster fühlen sie sich wohl.*

die als Züchtung den Auerochsen nachempfunden wurden. Sehr gut gelungen ist auch der **Schilflehrpfad** 3, der auf Holzstegen mitten ins Dickicht führt.

Am südlichen Ende der Rieselfelder ist hinter der traditionellen Ausflugsgaststätte **Heidekrug** 1 im **Rieselfeldhof** 4 eine Ausstellung zur Entwicklung der Rieselfelder untergebracht. Auch die **Bildhauerin Sandra Silbernagel** (www.sandrasilbernagel.de) öffnet sonntags gelegentlich ihr Atelier in der gegenüberliegenden Scheune.

Seit 2021 ist die Durchfahrt für Autos und Motorräder auf der zentralen Achse Coermühle zwischen Wöstebach und Biologischer Station nur noch für Anlieger möglich. Das hat die Verkehrssituation im Herzen der Rieselfelder deutlich entspannt.

Abschließend ein Tipp für Radfahrer:innen (mit dem Auto nicht möglich): Für den **Rückweg** empfiehlt sich als Alternative der Hessenweg bis zur Brücke über den Dortmund-Ems-Kanal. Seit 2023 führt ein gut ausgebauter Radschnellweg auf der westlichen Kanalseite nach Süden an Coerde vorbei bis zur Kanalschleuse Münster. Von dort geht es rechts entlang der Bahnstrecke Richtung Innenstadt. Wer von der Biologischen Station den Abstecher nach Gimbte und in die Bockholter Berge noch dranhängt, sollte weitere 10 km einkalkulieren, sodass zurück in Münster rund 30 km auf dem Tacho stehen.

## UM DIE ECKE

Sehr angenehm ist der Abstecher von der Biologischen Station über den Hessenweg ins 4 km entfernte adrette Örtchen **Gimbte** 5 mit seinen Ausflugsgaststätten. Der Alte Fährweg führt von dort nach Osten über die Ems zum Naturschutzgebiet **Bockholter Berge** 6. Hier ist eine der letzten Heide- und Wacholderflächen in der Region in ein erholsames Waldgebiet eingebettet. Erneut über die Ems und durch die **Bauernschaft Gittrup** 7 geht es wieder zurück in die Rieselfelder (10 km).

# Literatur auf der Wasserburg – **Annette von Droste-Hülshoff**

\# 15

**Eine der bedeutendsten Dichterinnen des 19. Jh. lebte nur wenige Kilometer westlich von Münster: Annette von Droste-Hülshoff wurde auf der malerischen Burg Hülshoff geboren und lebte später im nahegelegenen Haus Rüschhaus, dem schmucken barocken Schlaun'schen Landsitz. Die Tour lässt sich ideal auf Rädern genießen.**

Das Münsterland ist für seine Wasserburgen bekannt, und eine typische Vertreterin ist die idyllisch gelegene Burg Hülshoff, die zugleich durch die Dichterin Annette von Droste-Hülshoff literarische Bedeutung hat.

## Wasserburg-Idyll

Die Geschichte der **Burg Hülshoff** 1 reicht bis ins 14. Jh. zurück. 1417 hatten die damaligen Dros-

*Münsteraner nennen die bekannte Dichterin schlicht ›die Droste‹.*

1825 erwarb der Freiherr von Droste-Hülshoff das Gut Rüschhaus 2, 1826 zogen Annette und ihre Mutter hier ein. Die Dichterin bekam im Obergeschoss der Tenne eine kleine Wohnung. Das Innere des Hauses ist nur während einer Führung zugänglich. Sehr wohnlich ist die Küche mit dem großen Kamin, schmuck ist das Italienische Zimmer mit Blick auf den Barockgarten. Und in der Dichter-Wohnung gilt das ›Schneckenhäuschen‹ als Entstehungsort der Judenbuche. Das 1745 erbaute Rüschhaus war ursprünglich der Landsitz des Barockbaumeisters Johann Conrad Schlaun (▶ S. 76).

ten zu Deckenbrock das Anwesen gekauft. Die Drosten (Truchsesse) bekleideten hohe weltliche oder kirchliche Ämter und stiegen im ausgehenden Mittelalter über die städtische Oberschicht in den Adel auf.

Um 1545 entstand die jetzige L-förmige Anlage im Stil der Frührenaissance, eingebettet in eine große Park- und Gräftenanlage und mit einer vorgelagerten Insel für die Wirtschaftsbauten. Der dortige Hunde- und Gärtnerturm stammen auch bereits aus dem 16. bzw. 17. Jh. Im Inneren wurde die Burg Ende des 18. Jh. dem damaligen Zeitgeschmack angepasst. Interessant ist das Speisezimmer mit der Ahnengalerie der Droste und ihrem berühmten Porträtbild von Johannes Sprick (▶ S. 120). Im benachbarten Kleinen Kabinett hängen zwei Porträts der Wiedertäufer-Anführer Jan van Leiden und Bernd Knipperdolinck. Sehr standesgemäß ist der Gartensaal, während die Bibliothek rund 5000 Bände umfasst.

Seit 2012 verwaltet die Annette von Droste zu Hülshoff-Stiftung die Burg und das Rüschhaus. Sie entwickelte 2018 beide Anlagen zum »Center for Literature« für aktuelle Diskussionen zwischen Literatur und Gesellschaft. Seit 2021 verbindet ein 7 km langer interaktiver »Lyrikweg« Hülshoff und Rüschhaus (www.lyrikweg.net). Die Droste ist im 21. Jh. angekommen.

## Annette von Droste-Hülshoff

1797 kam ›die Droste‹ auf Burg Hülshoff zur Welt und verbrachte die ersten 29 Lebensjahre hier, bevor sie nach dem Tod ihres Vaters 1826 ins Haus **Rüschhaus** 2 umsiedeln musste. Später weilte sie lange in Meersburg am Bodensee, wo die oft kränkelnde Dichterin 1848 starb.

Zu Lebzeiten erhielt sie für ihre Werke nur wenig Beachtung. Ihre berühmte Novelle »Die Judenbuche« oder auch die Ballade »Der Knabe im Moor« (beide 1842) wurden erst nach ihrem Tod richtig bekannt, als man Ende des 19. Jh. plötzlich die Dichterin ›entdeckte‹ und ihre Werke zur Standardlektüre im Schulunterricht wurden. So hat sich die Textzeile »O, schaurig ist's, übers Moor zu gehen« zu einem klassischen Zitat entwickelt und die Dichterin wurde sogar auf dem letzten 20-DM-Schein gewürdigt.

Die Droste litt zeitlebens auch unter den Beschränkungen für Frauen. Sie beklagte: »Fesseln

*Ein Traum: die Wasserburg Hülshoff bei Münster*

will man uns am eigenen Herde. Unsere Sehnsucht nennt man Wahn und Traum.« Im »Center for Literature« erfährt sie nun neue Würdigung.

INFOS

**Anfahrt per Rad:** Vom Zentrum sind es per Rad zu beiden Häusern ca. 22 km. Der Hinweg erfolgt am besten parallel zum Aasee, dort am Zoo vorbei und über Reiner-Klimke-Weg/Sentruper Straße/Dingbängerweg nach Roxel und von dort über die Havixbecker Straße zur Wasserburg (ca. 11 km). Von Hülshoff geht es über den Lyrikweg, vorbei am Haus Vögeding zum Rüschhaus (5 km). Von dort ist der Weg über die Autobahn und dann links ›Am Gievenbach‹ und rechts den Horstmarer Landweg zurück in die City beschildert (6 km).
**Anfahrt per Bus:** Zur Burg Hülshoff fährt aus der City alle 2 Std. der Bus R64 (ca. 25 Min.); kein Bus verkehrt zwischen Hülshoff und Rüschhaus; Bus 5 fährt zwischen Rüschhaus und Stadt (ebenfalls ca. 25 Min.).

ÖFFNUNGSZEITEN

**Burg Hülshoff** 1: Schonebeck 6 (Havix- beck), T 02534 10 52, www.burg-huelshoff.de, Park Mo/Di 10–17, Mi–So 11–18.30 Uhr, Museum Mi–So 11–18.30 Uhr, Park und Café Eintritt frei, Museum 5/3,50 € (inkl. Audioguide)
**Haus Rüschhaus** 2: Am Rüschhaus 81, Kontakt wie Burg Hülshoff, April–Okt. Mi–So Haus nur mit Führung, Garten frei zugänglich), 5/3,50 €
**Kombiticket Hülshoff/Rüschhaus:** 8/6 €

KULINARISCHES FÜR ZWISCHENDRIN

Im Gewölbe der **Burg Hülshoff** 1 und im Vorhof bietet das stimmungsvolle Café Droste 1797 (Mi–So 11–18.30 Uhr, T 02534 10 52, €–€€) Kaffee, Kuchen und auch größere Gerichte.

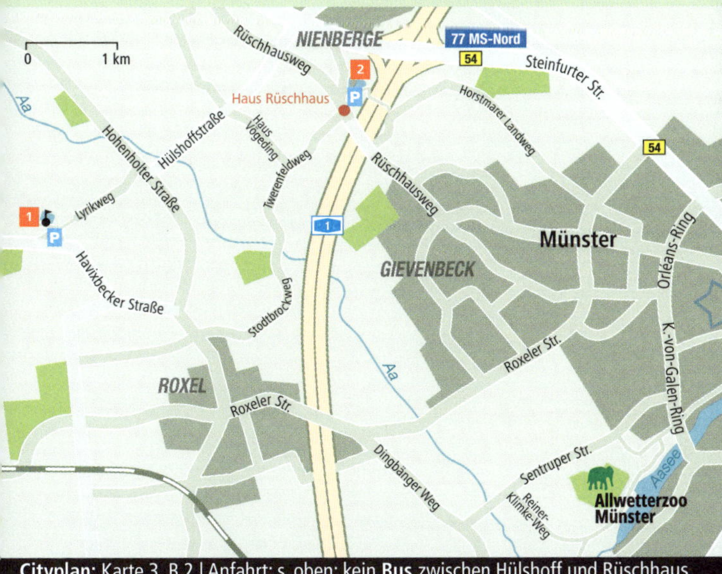


**Cityplan:** Karte 3, B 2 | Anfahrt: s. oben; kein **Bus** zwischen Hülshoff und Rüschhaus

# Mörderisches Vergnügen – Wilsberg, Tatort & Co.

Millionen Fernsehzuschauer:innen fiebern regelmäßig im ZDF mit dem westfälisch-kauzigen Privatdetektiv Georg Wilsberg oder im ARD-Tatort mit Hauptkommissar Frank Thiel und seinem schrulligen Partner, dem Rechtsmediziner Prof. Boerne, um eine erstaunlich hohe Zahl von Morden in Münster aufzuklären. Durch die beiden Kult-Krimis, die auf viel Humor setzen, ist Münster bundesweit zu einer der bekanntesten TV-Krimischauplätze geworden.

## Wilsberg – wie alles begann

**Antiquariat Solder** 🕮 Karte 2, E 3

Das kleine Antiquariat Solder an der Frauenstraße 49–50 darf auf keinem Krimi-Rundgang fehlen, denn in den ZDF-Krimis wird der Namenszug einfach durch »Antiquariat Wilsberg« ersetzt – und schon betreten Sie die Welt des etwas muffligen, aber sehr hilfsbereiten und hartnäckigen Privatdetektivs Georg Wilsberg, der in seinem Hauptberuf offiziell Antiquar ist, aber eigentlich nie dabei gefilmt wird, wie er tatsächlich ein Buch verkauft.

»Wilsberg« wurde 1990 vom Münsteraner Journalist und Schriftsteller Jürgen Kehrer erfunden: Der erste Roman hieß »Und die Toten lässt man ruhen«. In den Büchern betreibt der Detektiv übrigens ein Briefmarken- und Münzgeschäft. 1995 drehte das ZDF dann einen Pilotfilm mit Joachim Król, bevor es 1998 mit Leonard Lansink in der Hauptrolle richtig losging. Bis zu viermal jährlich flimmern die Krimis samstags über die Mattscheiben. Dabei stehen dem klammen Detektiv der Finanzbeamte Ekki sowie seit 2021 die Anwältin Tessa Tilker zur Seite. Auf Seiten der Polizei ist neben Hauptkommissarin Anna ihr Assistent Overbeck zu einer Kultfigur geworden, weil er einen humorvollen Mix aus Arroganz, Selbstüberschätzung und Tolpatschigkeit rüberbringt.

Die Szenen im und vorm Antiquariat entstehen in Münster, die dahinterliegende Wohnung ist aber eine Studiofiktion in Köln, wo auch andere Filmteile gedreht werden. Die Crews sind gerne in Münster, weil die Bevölkerung auf Einschränkungen durch die Dreharbeiten gelassen und neugierig reagiert.

## »Polizeipräsidium«

**Bispinghof** 🕮 Karte 2, E 3

Typisch für Wilsberg und Tatort ist die Umwandlung von realen Gebäuden für filmische Zwecke. So ist das Polizeipräsidium bei Wilsberg im realen Leben am Bispinghof Teil des Pädagogischen Instituts. Der Eingang führt zum Hausmeister … In anderen Filmen wird das Amtsgericht zum Rathaus, ein Segelklub zu einer Privatklinik oder der Stadthausturm zu einem Konzertsaal. Übrigens: Im realen Leben beschäftigt sich die Polizei in Münster weniger mit Mord als mit Raddiebstahl.

## Altstadtflair

**Domplatz und Prinzipalmarkt**

🕮 Karte 2, E/F 3

Bei soviel Erfolg im ZDF entschied sich die ARD 2002, ein eigenes Tatort-Team nach Münster zu schicken. Frank Thiel (Axel Prahl) und Prof. Karl-Friedrich Boerne (Jan-Josef Liefers) gewannen gleich zu Anfang das Publikum für sich:

vor allem durch scharfzüngige Dialoge (► S. 114). Auch hier steht der Humor im Vordergrund, denn die kleinwüchsige Assitentin des Professors muss als »Alberich« ihrem arrogant-schrulligen Chef immer wieder Paroli bieten, während »Vaddern« Thiel als Taxifahrer und gelegentlicher Haschkonsument oft in Konflikt zu seinem Polizistensohn gerät. Das Konzept war von Anfang an ein Quotenrenner. Da der Tatort keine ständigen Drehorte als Angelpunkt hat, ist man hier noch stärker auf ›münstertypische‹ Szenen angewiesen. So muss Kommissar Thiel – genau wie Detektiv Wilsberg – regelmäßig mit dem Rad über den Domplatz oder den Prinzipalmarkt radeln. Auf dem Prinzipalmarkt finden dann auch schon mal Demos statt oder die Staatsanwältin besucht ein Konzert, während Boerne eher mit seinem schicken Auto vorfährt. Natürlich spielen auch die Wiedertäufer und ihre Käfige eine Rolle, da sie schon in Kehrers Literaturvorlagen Thema sind.

### Nah am Wasser

**Aasee und Hafen**

🕮 B–D 4–6 und G/H 5

Mal entrümpeln die Grünen den Aasee, mal wird eine Leiche geborgen oder der Kommissar fährt mit dem Tretboot-Schwan – der städtische See wird natürlich genauso in Szene gesetzt wie der Hafen. War dieser zunächst filmisch eine trostlose Abbruchlandschaft, werden dort jetzt dubiose Makler und dynamische Anwaltskanzleien in den postmodernen Bürohäusern beheimatet – hier lässt sich bestens die Stadtentwicklung ablesen.

### Mordfall Hermann Rohrbach

**Aasee** 🕮 B–D 4–6

Sowohl Tatort als auch Wilsberg haben jeweils eine Folge (»Mörderspiele« bzw. »Wilsberg und die Tote im See«) einem tatsächlichen Mordfall und Justizskandal in Münster gewidmet. Denn 1957 wurden im Aasee und der Aa die Leichenteile des Anstreichers Hermann Rohrbach gefunden. Für das Verbrechen kam zunächst seine 16 Jahre jüngere Frau Maria in Haft. Laut Urteil hatte sie ihn vergiftet und zerstückelt.
Später kam sie aufgrund schwerer Verfahrensfehler jedoch wieder frei. Der Fall ist bis heute ungeklärt und sorgte damals bundesweit für Schlagzeilen. Der Spiegel aus Hamburg machte das Thema sogar zur Titelgeschichte in der Ausgabe 26/1961.

*Für den Tatort »Schwanensee« strampeln Thiel und Boerne über den Aasee.*

# Pause. Einfach mal abschalten

Genug vom Stadtbummel? Münster ist eine Stadt im Grünen, die sehr viele Erholungsmöglichkeiten bietet, auch jenseits von Aasee, Werse und Rieselfeldern. Parks und weitläufige Naherholungsgebiete ermöglichen lange Spaziergänge oder Radtouren. Sehr schön sind z. B. die Wälder der Hohen Ward und des Wolbecker Tiergartens sowie das Venner Moor.

### Schwimmen an der Promenade

**Hallenbad Mitte** Karte 2, D 3/4

An der südwestlichen Promenade ist das städtische Hallenbad gerade im Winter ein beliebter Treffpunkt für Schwimmfreunde. Die große Halle hat eine fantastische Fensterwand zur Promenade raus, es gibt zusätzlich auch ein Sprudel- und Kinderbecken sowie ein Solarium und einen Fitnessraum.

Badestr. 8, T 0251 492 52 95, www.stadt-muenster.de/sportamt/baeder/hallenbad-mitte.html, allgemeine Badetage: Mo 10–22, Mi, Fr 6.30–22, Sa 10–17, So 8–16 Uhr, 4/2 €

Knapp jenseits der südwestlichen Stadtgrenze erstreckt sich am Dortmund-Ems-Kanal das 148 ha große Naturschutzgebiet **Venner Moor** (Karte 3, B 2) – eine Welt für sich. Atmosphärisch besonders reizvoll sind die Teiche mit den abgestorbenen Baumstümpfen. Vom Wanderparkplatz an der Landstraße nach Ottmarsbocholt führen zwei Rundwege ins Hochmoor, teilweise wurden dafür Bohlenwege angelegt. Am südlichen Rand des Moors liegen die kleine Venner Kirche aus dem 13. Jh. sowie der Gasthof Venner Moor (► S. 91).

Mo–Sa Bus 7/R41; So Linie 7, dann Taxibus 541 Venner Moor, Venner Kirche; per Rad Anfahrt bequem über den Radschnellweg am Kanal. Weitere Infos: www.naturschutzzentrum-coesfeld.de/venner-moor

### See, Heide und Wald

**Hiltruper See und Hohe Ward**

Karte 3, C 2

Im äußersten Süden von Münster beginnt am 15 ha großen Hiltruper See das Waldgebiet der Hohen Ward. Zum Dortmund-Ems-Kanal (mit Radschnellweg Münster–Venner Moor) sind es von der ehemaligen Sandgrube nur wenige Meter, das Freibad Hiltrup (www.stadt-muenster.de/sportamt/baeder/freibad-hiltrup) lockt im Sommer die Gäste an. Am See gibt es eine kleine Heidefläche und zu beiden Seiten der Eisenbahn lädt das bewaldete Wasserschutzgebiet zum Spaziergang, Radeln und Reiten ein. Ansehnlich ist der 1906 errichtete Kuppelrundbau des Wasserwerks mitten im Wald. Hier wird ein Großteil des Trinkwassers der Stadt Münster gewonnen – ein sehr erholsames Waldgebiet!

Westfalenstraße/Zum Hiltruper See, kein Bus

### Erbdrostenhof und Tiergarten

**Wolbeck** Karte 3, C 2

Im Südosten von Münster verfügt Wolbeck über einen sehenswerten Drostenhof aus der Mitte des 16. Jh. Damals war Wolbeck Residenz des Münsteraner Fürstbischofs, der sich auch während der Reformation und Täuferherrschaft in Münster 1533–35 hierher zurückgezogen hatte. Während von der Burg nichts erhalten blieb, glänzt der Drostenhof im Renaissancestil noch heute.

*»O, schaurig ist's, übers Moor zu gehen«: das Venner Moor*

Südöstlich des Ortskerns steht der 288 ha große herrliche Mischwald des Wolbecker Tiergartens unter Naturschutz. Einst jagten hier die Fürstbischöfe, heute kann sich ein Teil als ›Naturwaldzelle‹ bzw. ›Wildnisgebiet‹ sogar ohne menschliche Bewirtschaftung entwickeln. Besonders idyllisch ist es in der Angel-Aue rund um das ehemalige fürstbischöfliche Jagdhaus von 1712. Der NABU hat einen 6,2 km langen Lehrpfad eingerichtet sowie einen Faltplan aufgelegt. Ein Gang durch den Tiergarten ist eine erholsame Abwechslung vom Stadtleben.

Drostenhof: Am Steintor 5, Bus 22, R32 Drostenhof; Tiergarten: Bus 22, R22 Im Bilskamp

## Naherholung und Pferdezentrum
## Haus Dyckburg/Gut Havichhorst

🕮 Karte 3, C 2

Haus Dyckburg und der angrenzende Boniburger Wald sind ein schönes Naherholungsgebiet im Nordosten Münsters. Dompropst Friedrich Christian Graf von Plettenberg-Marhülsen wollte sich 1735 von Johann Conrad Schlaun einen repräsentativen Landsitz errichten lassen. Fertiggestellt wurden aber nur eine Kapelle sowie zwei Wirtschaftsgebäude. Der kleine Boniburger Wald erstreckt sich bis zur Werse. Auf der anderen Seite liegt der Vorort Handorf. 2,5 km nördlich von Haus Dyckburg ist jenseits des Vororts Sudmühle das schon 1032 erwähnte Gut Havichhorst eine der ältesten bekannten Hofstellen im Münsterland. Heute ist auf dem Gut ein Tagungszentrum sowie der moderne Komplex der Westfälischen Reit- und Fahrschule Münster mit großem Trainingsgelände (Havichhorster Mühle 100, www.wrfs.de) untergebracht. Noch 1 km weiter nördlich liegt am ›Werse Rad Weg‹ Richtung Gelmer die schon im Jahr 1318 erwähnte Havichhorster Mühle.

Haus Dyckburg und Gut Havichhorst lassen sich gut auf einer Radtour entlang der Werse von der Pleistermühle aus (► S. 67) hinauf nach Gelmer und in die Rieselfelder (► S. 69) ansteuern.

Dyckburgstr. 220, Bus 4 Heidehof

# Ausflüge ins Münsterland

Die grüne Parklandschaft des Münsterlands ist für ihre romantischen Wasserburgen berühmt. Schmucke Städtchen, weitläufige Wälder sowie Reste von Hochmooren und Heideflächen laden zu Erkundungen per Rad oder mit dem gut ausgebauten Nahverkehr ein. Im weitgehend flachen Münsterland gibt es mit den Baumbergen und dem Teutoburger Wald auch zwei kleine Höhenzüge.

## TELGTE

Das schmucke Emsstädtchen Telgte (🕮 Karte 3, C 2, 20 000 Ew., 12 km östlich) erhielt bereits im 13. Jh. Stadtrechte. Ein Publikumsmagnet sind neben dem EmsRadweg die Marienwallfahrten, die auf das Jahr 1654 zurückgehen. Fürstbischof Christoph Bernhard von Galen ließ dafür neben der zentralen Clemenskirche eine Wallfahrtskapelle errichten.
Schräg gegenüber passt thematisch das vielseitige Westfälische Museum für religiöse Kultur RELiGIO (Herrenstr. 1–2, T 02504 931 20, www.museum-telgte.de, Di–So 11–18 Uhr, 5/4 €, bis 21 Jahre Eintritt frei) gut ins Bild. Auf der anderen Straßenseite ist im Altbau das »Telgter Hungertuch« von 1623 ausgestellt. Vor Weihnachten ist die Krippenausstellung zu sehen.
Die Kapellenstraße und den beschaulichen Marktplatz säumen mehrere nette Cafés und Restaurants.

### Infos

Touristeninformation: www.telgte.de
Nahverkehr: Stündl. Züge von Münster (12 Min.) und Warendorf (20 Min.)

## WARENDORF

Ebenfalls an der Ems liegt Warendorf (🕮 Karte 3, C 2, 38 000 Ew., 26 km östlich). Der malerische Altstadtkern macht die historische Marktstadt zu einem der attraktivsten Orte im Münsterland. Bereits Bistumsgründer Liudger baute hier zu Beginn des 9. Jh. eine erste Kirche, im 13. Jh. erhielt Warendorf die Stadtrechte. Überregional bekannt ist Warendorf als ›Hauptstadt der Pferde‹.

### Marktplatz und Kirchplatz

Der historische Marktplatz wird von stattlichen Bürgerhäusern gesäumt. Besonders schön sind die Fassaden von Nr. 13 und 15 an der Westseite sowie das Giebelhaus im Stile der Weser-Renaissance an der Ostseite in Nr. 4. Diese Häuser stammen zumeist aus dem 17. Jh. Das gilt auch für das prächtige Haus Temme mit dem kunstvollen Schaugiebel in der angrenzenden Emsstr. 1. Bereits im frühen 15. Jh. entstand die dreischiffige gotische Laurentiuskirche auf dem östlich anschließenden Kirchplatz. Beachtenswert sind das 500 Jahre alte Chorgestühl sowie die »Schwarze Madonna«.

### Fachwerk und Westpreußen

In der östlichen Altstadt stehen mehrere sehr schöne Fachwerkhäuser. Die bewegte Vergangenheit einer heute polnischen Region wird im Westpreußischen Landesmuseum (Klosterstr. 21, T 02581 92 77 70, www.westpreussisches-landesmuseum.de, Di–So 10–18 Uhr, 4/2,50 €) anschaulich erläutert. Das Museum ist in einem ehemaligen Franziskanerkloster untergebracht.

*Mit Fantasie ins Mittelalter: Spectaculum in Telgte*

### NRW-Landgestüt

Nördlich der Ems ist seit dem Ende des 19. Jh. das NRW-Landgestüt (Sassenberger Str. 11, T 02581 636 90, www.landgestuet.nrw.de, Stallungen: Mo–Di, Do–Fr 9–12, 14–17, Mi, Sa 9–12, So 11–12, Sa/So auch 17–18 Uhr, Eintritt frei) angesiedelt. Schon die Preußen hatten 1826 das Gestüt in Warendorf gegründet, um die Zuchtqualität zu erhöhen. Die denkmalgeschützten Stallungen, in denen gut 110 Hengste leben, sind öffentlich zugänglich.

### Infos

Touristeninformation: www.warendorf.de

Nahverkehr: Stündlich verkehren Züge über Telgte (20 Min.) nach Münster (ca. 30 Min.).

## SCHLOSS NORDKIRCHEN

Inmitten eines weitläufigen Parks umgeben von Wassergräben gilt das Barockschloss Nordkirchen (Karte 3, B 3) als das ›Westfälische Versailles‹. Kein Palast im Münsterland kann es mit dieser herrschaftlichen Anlage aufnehmen.

### Geschichte

30 km südlich von Münster beauftragte Fürstbischof Friedrich Christian von Plettenberg-Lenhausen zu Beginn des 18. Jh. die Brüder Pictorius mit dem Schlossbau ganz im Zeichen des barocken Absolutismus. Doch der Bau zog sich nach dem Tod des Fürstbischofs hin. Den letzten Schliff erhielt das Schloss erst ab 1723 unter dem damals noch weitgehend unbekannten Johann Conrad Schlaun.

### Rundgang

Die Prunkseite des Schlosses liegt Richtung Norden zum Ortskern von Nordkirchen (10 000 Ew.). Von den Alleen gleitet der Blick über die von Schlaun gestaltete Venusinsel zum ganz in rotem Backstein mit Sandstein-Fensterumrahmungen gehaltenen Hauptflügel der Anlage. Erst von der Hauptzufahrt im Süden erkennt man jedoch die eigentliche Größe des Schlosses mit seinen Seitentrakten und Wirtschaftsbauten. Das Innere lässt sich nur mit Führungen besichtigen, die an der Schlosskapelle starten.

Im Haupttrakt ist vor allem der zentrale Jupitersaal bemerkenswert, der über eine herrschaftliche Freitreppe mit der

Im Münsterland sind zwei der letzten Blaudruckereien in Deutschland ansässig. Die Textildesignerin **Elke Schlüter** (Münsterstr. 51, Lüdinghausen (Karte 3, B 3), T 02591 17 59, www.gemalt-wie-gedruckt.de, Mi–Fr 10–12, 15–18 Uhr) ist eine Meisterin ihres Fachs und verwendet über 800 verschiedene Muster für ihre handbedruckten Stoffe.
Die **Blaudruckerei Kentrup** (Kirchplatz 8, Nottuln (Karte 3, B 2), T 02502 93 47, www.kentrup.eu, Di–Fr 10–12, Di–Do auch 15–18 Uhr) in Nottuln arbeitet schon seit 1833 direkt hinter der Martinuskirche. Beide Blaudruckereien verkaufen ihre Produkte vor Ort und bieten Gruppenführungen an. Seit 2018 gilt die Blaudruckerei als UNESCO-Welterbe.

Venusinsel verbunden ist. Filigran sind die Stuckverzierungen unter der Decke, während die Deckengemälde hier – wie auch im Vestibül und in der Kapelle – von Martin Pictorius stammen. Sehenswert sind außerdem die direkt angrenzenden Paradieszimmer und Olympzimmer.
Das Schloss dient heute der Fachhochschule für Finanzen NRW als repräsentative Visitenkarte; mit Schlossrestaurant.

### Infos

Schlossführungen: nach Anmeldung oder Mai–Sept. So stdl. 11–17, Okt.–April So stdl. 14–16 Uhr, 4/2 €, Infos und Anmeldung: 02596 9330, www.schloss.nordkirchen.net
Nahverkehr: Entweder Sie nehmen den Bus S90 von Münster nach Lüdinghausen und fahren dann mit Bus R53 weiter oder nehmen die Regionalbahn in Richtung Dortmund bis Haltepunkt Capelle und von dort Bus R53 nach Nordkirchen.

## LÜDINGHAUSEN

Lüdinghausen (Karte 3, B 3, 25 000 Ew., 30 km südwestlich) ist die Stadt der Burgen.

### Burg Vischering

Wo das Schloss Nordkirchen auf maximale Prachtentfaltung angelegt ist, versteckt sich die in einem waldähnlichen Park gelegene Burg Vischering geradezu vor den Augen der Besucher. Erst im letzten Moment öffnet sich der Blick auf den Prototyp einer romantischen münsterländischen Wasserburg, deren Anfänge auf das 13. Jh. zurückgehen. Damals ließ der Fürstbischof dem benachbarten Herrn auf Burg Lüdinghausen einfach einfach die neue Burg Vischering direkt vor die Nase setzen.
Die Drosten zu Vischering stiegen zu einem der wichtigsten Adelsgeschlechter im Münsterland auf und residieren seit 1690 auf dem herrschaftlichen Schloss Darfeld. Über die Vorburg, wo sich das nette Café Reitstall, eine Backstube (Fr–So) und Ausstellungsräumlichkeiten befinden, gehen Sie über die stilechte Holzbrücke in die Hauptburg. 2017/18 wurden das Burgmuseum und das Parkumfeld deutlich aufgewertet. Im Haus geht es um die wechselvolle Burggeschichte, wobei u. a. ein kunstfertiges Himmelbett aus der Mitte des 16. Jh. und Delfter Kaminkacheln für historisches Flair sorgen. Nicht versäumen: einen Spaziergang durch den idyllischen Burgpark.

### Infos

Burg Vischering: Berenbrock 1, 59348 Lüdinghausen, T 02591 799 00, www.burg-vischering.de, Di–So 10–18 Uhr, Eintritt Haupt- und Vorburg 3,50–7,50 €
Nahverkehr: regelmäßig mit Schnellbus S90 von/nach Münster (ca. 45 Min.)

## BAUMBERGE

Etwa 20 km westlich von Münster beginnen die Baumberge (Karte 3, B 2). Der kleine Höhenzug verleiht der

Region zwischen Havixbeck, Nottuln, Billerbeck und Coesfeld einen reizvoll hügeligen Charakter. Vor allem zwischen Havixbeck und Nottuln gibt es schöne Wanderwege.

## Longinusturm

Höchste Erhebung der Baumberge und des Münsterlandes ist zwischen Havixbeck, Nottuln und Billerbeck der 187 m hohe Westerberg mit dem Longinusturm. Von der 24 m hohen Aussichtsplattform hat man bei klarem Wetter einen herrlichen Rundblick. Unten öffnet das rustikale Ausflugscafé ›1897‹ (https://longinusturm.com, Sommer Mi–Sa 14–18, So 11–18, Winter Fr/Sa 14–17.30, So 12–17.30 Uhr).

## Havixbeck

Jahrhundertelang lebten die Menschen in den Baumbergen u. a. vom Abbau und der Bearbeitung des hellen Baumberger Sandsteins. Der St.-Paulus-Dom in Münster wurde ganz aus diesem Material errichtet. Eine hervorragende Einführung in die Kulturgeschichte und Nutzung des hiesigen Sandsteins liefert auf einer ehemaligen Hofstelle in Havixbeck (11 500 Ew.) das Baumberger Sandsteinmuseum (Gennerich 9, T 02507 15 96, www.sandsteinmuseum.de, April–Sept. Di–So 11–18, sonst 13–18 Uhr, Eintritt frei, mit Café).

## Nottuln

Im Südosten des Höhenzugs ging die Gemeinde Nottuln (20 000 Ew.) aus einem Damenstift hervor. Mittelpunkt ist die schöne spätgotische Martinuskirche. Nach dem verheerenden Brand von 1748 erhielt der Baumeister **Johann Conrad Schlaun** den Auftrag zum Wiederaufbau. Er schuf die sehr stattlichen ehemaligen Stiftshäuser südlich der Kirche.

## Billerbeck

809 starb der später heiliggesprochene Bistumsgründer Liudger auf der Durchreise in Billerbeck (11 500 Ew.), das so zum Wallfahrtsort wurde. Im Ortskern zieht zunächst die neogotische St.-Liudger-Kirche (1892–98) alle Blicke auf sich. Wesentlich älter ist die spätromanische dreischiffige St.-Johannis-Kirche aus dem 13. Jh., umgeben von einem der malerischsten Kirchplätze im Münsterland.

*Ein Gedicht in Weiß: Das barocke Wasserschloss Nordkirchen verzaubert die Besucher:innen auch im Winter.*

*Die letzten Wildpferde Westfalens leben im Merfelder Bruch wenige Kilometer von der Stadt Dülmen entfernt.*

Prächtig ist zudem die Renaissancefassade von Haus Beckebans an der Münsterstr. 6.

**Infos**
Touristeninformationen: www.baumberge-touristik.de
Nahverkehr: Havixbeck und Billerbeck sind per Zug stündl. an Münster angebunden (17 bzw. 30 Min.). Nottuln wird vom Schnellbus S60 ab Münster angesteuert (ca. 40 Min.).

## HALTERN AM SEE

45 km südwestlich von Münster liegt Haltern am See (Karte 3, B 3, 38 500 Ew.). Die schön in Wald- und Heidelandschaft eingebetteten Stauseen dienen als Trinkwasserreservoir, rundum führen schöne Wander- und Radwege. Die ehemalige Quarzsand-Grube Silbersee II ist nun ein populärer Badesee.

**LWL-Römermuseum**
Beinahe wäre Haltern zur römischen Provinzhauptstadt für das heutige Westfalen geworden. Vor 2000 Jahren errichteten die Römer entlang der Lippe mehrere Lager. Das wichtigste Kastell lag im heutigen Haltern, wurde jedoch nach der Niederlage des römischen Feldherrn Varus am Teutoburger Wald 9 n. Chr. aufgegeben.
Das LWL-Römermuseum (Weseler Str. 100, T 02364 93 760, www.lwl-roemermuseum-haltern.de, Di–Fr 9–17, Sa/So 10–18 Uhr, 6/3/0 €) dokumentiert vielfältig und familienfreundlich das römische Legionärsleben an der Lippe.

**Infos**
Touristeninformation: www.haltern-am-see.de
Nahverkehr: 3x stündl. Züge von/nach Münster (ca. 35 Min.)

## ZWILLBROCKER VENN

75 km westlich von Münster liegen an der niederländischen Grenze im Zwillbrocker Venn (Karte 3, A 2) ein international bedeutendes Vogelschutz- und Feuchtgebiet sowie eine der schönsten Barockkirchen in Westfalen.

### Barocke Flamingos

Das 185 ha große Zwillbrocker Venn ist ein altes Moorgebiet mit Heide- und Feuchtflächen. Auf dem flachen Lachmöwensee sorgen Tausende Vögel für reichlich Gekreische, doch das eigentliche Highlight sind die bis zu 60 Flamingos, die sich seit Anfang der 1980er-Jahre jährlich von März bis Juli hier niederlassen und brüten. Anzutreffen sind vor allem Chile-Flamingos, aber auch der Große Flamingo und Karibische Flamingos werden gesichtet. Ein 5,8 km langer Rundweg und mehrere Aussichtspunkte präsentieren das naturgeschützte Venn in seiner ganzen Vielfalt.
Ausgangspunkt ist die im Jahr 1713 erbaute Barockkirche, schräg gegenüber der Biologischen Station. Die prunkvolle Kirche diente niederländischen Katholiken als Anlaufpunkt. Direkt nebenan befindet sich das ansprechende Hotel-Restaurant Kloppendiek (www.kloppendiek.de).

### Infos

Biologische Station Zwillbrock: Zwillbrock 10, 48691 Vreden, T 02564 98 600, www.bszwillbrock.de, Ostern–Okt. Mo–Fr 8–16.30, Sa/So 12–17, Nov.–Ostern Mo–Do 8–16.30, Fr 8–14.30 Uhr; mit informativer Ausstellung.
Von hier ist es gut 1 km zu Fuß zum Lachmöwensee.

## ENSCHEDE UND GRONAU

Der niederländische Grenzort Enschede (🕮 A 1, 160 000 Ew., 65 km nordwestlich) ist mit dem überregional bekannten Wochenmarkt (Di und Sa) auf dem Hendrik Jan van Heekplein seit langem ein beliebtes Ausflugsziel für Münsterländer.
Das Zentrum der dynamischen Unistadt ist ausgesprochen quirlig. Rund um den alten Marktplatz (Oude Markt) haben sich viele kleine Cafés angesiedelt und sorgen für eine gute Unterhaltung, während die Geschäfte in der City zum Einkaufsbummel verleiten.

### Rock'n'Popmuseum

Auf dem Weg nach Enschede verdankt die ehemalige Textilstadt Gronau (50 000 Ew.) dem 1946 hier geborenen Udo Lindenberg eine ungewöhnliche Attraktion: Zu seinen Ehren baute man direkt am Bahnhof eine alte Fabrikhalle zum Rock'n'Popmuseum (Udo-Lindenberg-Platz 1, T 02562 81 480, www.rock-popmuseum.de, Di–So 10–18 Uhr, 12/9 €) um.
Es präsentiert mit viel Technik eine spannende »auditive Zeitreise« durch die Rock- und Popmusik, inklusive Jazz, Folk und Punk.

### Infos

Touristeninformationen: www.stadtenschede.de, www.gronau.de
Nahverkehr: Stündl. verkehren Züge von Münster nach Gronau (60 Min.) und Enschede (75 Min.). Die deutschen Regionaltickets gelten bis Enschede.

Im Mittelalter war Westfalen für seine Wildpferdebahnen bekannt, doch nur zwischen Dülmen und Reken blieb den Wildpferden ein letztes Rückzugsgebiet. Derzeit leben ca. 400 Pferde im 400 ha großen Naturschutzgebiet Merfelder Bruch, das dem Herzog von Croÿ gehört. Nur am letzten Samstag im Mai greift der Mensch ein, wenn die jungen Hengste beim Wildpferdefang aus der Herde per Hand herausgefangen und dann versteigert werden. Besucher der Wildpferdebahn müssen sich im restlichen Jahr sehr zurückhalten, um die Herde nicht zu stören.
Infos: Merfelder Bruch (ca. 5 km westlich von Dülmen-Merfeld, 🕮 Karte 3 B 2), www.wildpferde.de, April–Okt. Sa/So 10–18 Uhr (wetterabhängig), 4/2 €

*Nur keine Panik: Rocklegende Udo Lindenberg ist ein echter »Gronaut«.*

## RHEINE/BENTLAGE

Die Ems-Stadt Rheine (🗺 Karte 3, B 1, 76 000 Ew., 40 km nördlich) verfügt an der stattlichen St.-Dionysius-Kirche mit dem adrett renovierten Markt über ein schmuckes Stadtzentrum mit einladenden Cafés. Aus der Altstadt sind es zu Fuß an der Ems 2 km zum Salinenpark Bentlage.

### Saline und Naturzoo

Salz gewinnt man in Bentlage schon seit 1000 Jahren. Großen Aufschwung nahm das Sieden des ›Weißen Goldes‹ Mitte des 18. Jh., als Johann Conrad Schlaun im Auftrag von Fürstbischof Clemens August ein 300 m langes Gradierwerk mit Siedehaus anlegte.

2004 wurden die beiden erhaltenen Teilstücke des Gradierwerks sowie das Siedehaus für Besucher liebevoll wieder hergerichtet.

Im ansehnlichen Dreigiebelhaus ist ein Infozentrum (Salinenstr. 105, T 05971 912 78 94, April–Anf. Okt. Di–Sa 14–18, So 11–18 Uhr, auch öffentliche Führungen durch den Salinenpark, (s. Touristeninformation) untergebracht. Im benachbarten Naturzoo Rheine (Salinenstr. 150, T 05971 16 14 80, www.naturzoo.de, Sommer Mo–Sa 9–18, So 9–19 Uhr, Winter 9 Uhr–Dämmerungsbeginn, 10,50/9,50/6 €) ist die größte Weißstorchkolonie Westfalens beheimatet. Auch Berberaffen, Kängurus, Lamas sowie Seehunde lassen sich aus nächster Nähe beobachten – ein Tipp für Familien.

### Kloster Bentlage

1437 gründeten Kreuzherren das Kloster Bentlage, welches bis 1803 Bestand hatte. Heute ist in der herrschaftlichen Anlage mitten im waldreichen Park das hochkarätige Museum Kloster Bentlage (Bentlager Weg 130, T 05971 91 84 68, www.kloster-bentlage.de, Di–Sa 14–18, So 11–18 Uhr, Eintritt frei) beheimatet. Besonders beachtenswert sind die sog. Bentlager Reliquiengärten, die um 1500 entstanden sowie im Obergeschoss die ›Westfälische Galerie‹ mit einigen Leihgaben des LWL-Landesmuseums. Zu sehen sind u. a. Werke von August Macke, Wilhelm Morgner und Otto Modersohn; mit nettem Gartencafé und rustikalen, ruhigen Gästezimmern; stimmungsvolle Bett&Bike-Unterkunft.

**Infos**

Touristeninformation: www.rheine-tourismus.de

Nahverkehr: Von Münster 2–3x stündl. Züge (ca. 30 Min.), dann weiter mit Bus C12 zum Salinenpark Bentlage.

## TECKLENBURG

Kein Ort der Umgebung liegt so romantisch wie die malerische Fachwerkstadt Tecklenburg (Karte 3, C 1, 9000 Ew., 37 km nördlich): Angeschmiegt an den bewaldeten Höhenzug des Teutoburger Waldes bieten die schmucken Gassen der historischen Siedlung Idylle pur. Besonders viele Fachwerkhäuser finden sich in der Ibbenbürener Straße.
Das einstige Burgareal dient den Freilichtspielen (www.freilichtspiele-tecklenburg.de) als Kulisse.
Unterhalb des Burgbergs ist der historische Marktplatz mit dem traditionsreichen Café Rabbel klein und beschaulich. Sehr malerisch ist die 1577 erbaute Fachwerk-Legge, wo die Tuchhändler ihre Waren prüfen lassen konnten.
Gleich nebenan öffnete 2015 das hervorragende **Otto Modersohn Museum Tecklenburg** (Markt 9, T 05482 92 62 160, www.ommt.de, April–Sept. Mi–Fr 14–18, Sa/So 11–18, sonst Fr 14–18, Sa/So 11–18 Uhr, 5/3 €). Der später in Worpswede bekannt gewordene Maler besuchte Tecklenburg bis 1892 aufgrund familiärer Bindungen mehrfach. Er war vom Reiz der Fachwerkstadt ganz angetan. »Stumm vor Entzücken« sei er. Modersohn (1865–1943) hatte seit 1874 in Münster gelebt und fand dort wie dann auch in Tecklenburg wichtige Motive für seine künstlerische Entwicklung, die ihn in Worpswede zum Mitbegründer der berühmten Künstlerkolonie werden ließen.
**Wandertipps:** Auf dem Hermannsweg 4 km östl. ist eine alte Kalksteingrube bei Lengerich als »Canyon« ein beliebtes Ausflugsziel. 10 km westl. sind die Dörenther Klippen ein spannendes Naturdenkmal auf den Höhen des Teutos.

**Infos**

Touristeninformation: www.tecklenburg-touristik.de

Nahverkehr: Per Bahn von Münster nach Lengerich, dort Umstieg in Bus R45 nach Tecklenburg (ca. 50 Min.)

*Wiederaufgebautes Herzstück im Salinenpark Bentlage: das imposante Gradierwerk*

# Westfälische Ruhe

**Münster ist im Übernachtungssektor sehr gut aufgestellt. Es gibt viele Qualitätshäuser mit drei und vier Sternen, die entweder verkehrsgünstig zentral oder schön im Grünen liegen. Pensionen und B&Bs gibt es weniger, dafür zusätzlich ein komfortables Jugendgästehaus sowie zwei nette Hostels. Am Stadtrand locken zudem auch komfortable Landgasthöfe.**

Trotz des großen Zimmerangebots sollte vor allem an Wochenenden rechtzeitig gebucht werden. Im Hostelbereich ist zudem der Semesteranfang im Herbst und im April Hochsaison.

Wer in Münster übernachten möchte, sollte im Vier-Sterne-Sektor mit etwa 150–200 € pro Nacht im Doppelzimmer kalkulieren, wobei einige Häuser das Frühstück zusätzlich berechnen. Im Drei-Sterne-Bereich ist mit 100–150 € inkl. Frühstück zu rechnen. Oft variieren die Preise je nach Auslastung. Für Ferienwohnungen hängen die Preise von Größe, Ausstattung und Lage ab. Bei einem Kurzaufenthalt von ein bis zwei Nächten werden zudem für manche Ferienwohnungen Zuschläge fällig. In den Hostels schlafen Einzelgäste in Mehrbettzimmern ab 19 €, DZ gibt es ab 60 € (ohne Frühstück). Die hier angegebenen Preiskategorien beziehen sich – falls nicht anders vermerkt – auf DZ mit Frühstück. Seit 2016 kassiert Münster pro Übernachtung eine kommunale Beherbergungssteuer von 4,5 %.

Fahrrad: Nicht alle Unterkünfte haben eigene Radstellplätze, einige aber auch Leihräder.

*Günstig schlafen in der Sleep Station*

### ZUM SELBST ENTDECKEN

Rund um den Hauptbahnhof und in der Altstadt finden sich die meisten Unterkünfte. Im **Budgetbereich** stehen in Münster in zentraler Lage z. B. Häuser von IBIS (www.ibishotel.com) und B&B Hotels (www.hotelbb.de) zur Verfügung.

**Zimmervermittlung**
Münster Information: Heinrich-Brüning-Str. 9, T 0251 492 27 26, www.tourismus.muenster.de, Mo–Fr 10–17, Sa 10–16 Uhr. Der Buchungsservice ist kostenlos. So 10–16 Uhr Buchungsservice im historischen Rathaus am Prinzipalmarkt.

**Preise**
Soviel kostet in etwa ein DZ mit Frühstück:

| | |
|---|---|
| € | unter 100 Euro |
| €€ | 100 bis 150 Euro |
| €€€ | über 150 Euro |

### Mehr Budgethotel als JH
**DJH-JugendGästehaus Aasee**
Karte 2, D 5
Das komfortable Jugendgästehaus ist dank seiner Lage am Aasee eine sehr gute Adresse für den Münsterbesuch. Die 290 Betten sind auf Vier-Bett- und Doppel-Zimmer verteilt, von denen einige hotelmäßig mit Fernseher und Kühlschrank ausgerüstet und einige barrierefrei sind. Für E-Bikes gibt es eigene Ladestationen. Ein weiterer Pluspunkt ist das hervorragende Frühstücksbuffet. Voraussetzung für die Übernachung ist allerdings eine DJH-Mitgliedschaft.
Bismarckallee 31, T 0251 53 02 80, www.djh-wl.de/muenster, Bus 2, 10 Jugendgästehaus Aasee, €–€€

### Hostelling 2.0
**H.ostel Münster** Karte 2, F 4
Ende 2018 öffnete Münsters neuestes Hostel seine Pforten mitten in der Altstadt am südlichen Ende der Fußgängerzone. Das Angebot reicht vom Doppelzimmer bis zum 10er-Schlafsaal, und alles ist topmodern eingerichtet. Einige Zimmer haben eigenes Bad, die Preise variieren stark je nach Nachfrage. Leider gibt es keine Küche, sondern nur eine kleine Bar in der Lobby, und auch keinen Radstellplatz.
Verspoel 1/Ecke Ludgeristraße, T 0251 49 09 32 69, www.h-hotels.com, Bus Ludgeriplatz, Königsstraße, teils mind. 2 Nächte, €–€€

### Hostel pur
**Sleep Station** Karte 2, G 4
In Sichtweite des Hauptbahnhofs ist die Sleep Station schnell zu erreichen. In dem privat geführten Haus erwarten Sie eine freundliche Atmosphäre, gut gepflegte Zimmer (auch Frauenzimmer), ein Terrassenbalkon und selbstverständlich kostenloses WLAN. Einige Zimmer verfügen über ein eigenes Bad, bei anderen müssen die Gäste auf ein Etagenbad zurückgreifen. In der Gästeküche stehen Tee und Kaffee gratis zur Verfügung. Das Umfeld ist zwar verkehrsreich, aber in die City sind es nur wenige Meter – ein sehr gutes Hostel.
Wolbecker Str. 1, T 0251 482 81 55, www.sleep-station.de, Bus Hauptbahnhof, Servatiiplatz, €

### Wohnen im Grünen
**conRad. das Gästehaus**
Karte außerhalb C 1
Das Gästehaus liegt sehr ruhig auf der Rückseite des früheren Missionsklosters Haus Wilkinghege (heute Pflegeheim), rund 4 km nordwestlich des Zentrums. Das Haus hat wie eine große Wohnung sieben moderne Zimmer, die sich Bad/WC teilen. Es gibt eine Selbstversorgerküche, ein schönes Gemeinschaftszimmer sowie eine Ferienwohnung. Mit diesem Konzept füllt das conRad eine Marktlücke in Münster.
Wilkinghege 57, T 0251 39 59 41 05, www.conrad-dasgaestehaus.de, Bus 9 Wilkinghege, €–€€

### Gut behütet
**Haus vom Guten Hirten** J 3
Etwa 2 km östlich des Stadtzentrums, direkt am Prozessionsweg bietet das Ordenshaus vom Guten Hirten solide Unterkunft. Radfahrer:Innen sind gerne willkommen, da sich das Haus unmittelbar an der vielbefahrenen Strecke von/nach Telgte und zum ›Werse Rad Weg‹ befindet. Das große Frühstücksbuffet sorgt für einen guten Start in den Tag. Als Integrationshaus ist man auch auf Menschen mit Handicap barrierefrei eingestellt.
Mauritz-Lindenweg 61, T 0251 378 70, www.hotel-guter-hirte.de, Bus 14 Mauritz-Friedhof, €€

### Ruhig und zweckmäßig
**Johanniter Gästehaus** E 7
2 km südlich des Stadtzentrums sind die 142 Zimmer der Johanniter Akademie in einem netten Wohngebiet des Geistviertels fraglos eine sehr gute Wahl, wenn man ruhig wohnen möchte und mit dem Drahtesel unterwegs ist. Praktischerweise vermieten die Johanniter auch Fahrräder vor Ort (10 €/Tag). Das Gästehaus verfügt auch über barrierefreie und allergikerfreundliche Zimmer.
Weißenburgstr. 60–64, T 0251 97 23 01 45, www.johanniter.de/gaestehaus-muenster, Bus 4 Hl.-Geist-Kirche, €€

### In Bahnhofsnähe

**Hotel Garni Horstmann**

Karte 2, F 4

An der Fußgängerzone zwischen Hauptbahnhof und City könnte die Lage des Hotels, »wenn Sie der preisbewußte Gast sind« (so die Eigenwerbung), wirklich nicht besser sein. Die Zimmer des Hauses sind solide eingerichtet, und auch Fahrräder können untergestellt werden. Das Preis-Leistungs-Verhältnis stimmt.

Windthorststr. 12, T 0251 41 70 40, www.hotel-horstmann.de, Bus Hauptbahnhof, €

### In der nördlichen Altstadt

**Hotel Martinihof** Karte 2, F 3

Das zentrale und freundliche Hotel ist familiengeführt und bietet eine solide Unterkunft. Räder können eingestellt werden, Tee und Kaffee gibt es in der Lounge kostenlos und das Frühstücksbuffet ist eine gute Grundlage für den Tag. Die Zimmer mit Etagenbad sind deutlich günstiger. Sehr guter und flexibler Service.

Hörsterstr. 25, T 0251 41 86 20, www.martinihof.de, Bus Altstadt/Bült, Standesamt, €–€€

### Mit Seeblick

**Agora: am Aasee** Karte 2, D 4

Direkt neben der Uni-Mensa bietet dieses Hotel des Studierendenwerks Münster unmittelbar am stadtnahen Ende des Aasees eine zentrale Basis für die Stadterkundung. Zur Promenade und in die City sind es von hier nur wenige Minuten zu Fuß. Die Zimmer wurden im Jahr 2021 umfassend renoviert. Es stehen sogar großzügige Maisonette-Zimmer (auch mit 2 Räumen) zur Verfügung.

Bismarckallee 5, T 0251 48 42 60, www.agora-muenster.de, Bus 2, 10 Bismarckallee, €€–€€€

### Am LWL-Museum

**Central Hotel** Karte 2, E 3

2020/21 wurde das gestandene Hotel schräg gegenüber vom LWL-Museum von den neuen Besitzern komplett renoviert. Seitdem hat das Central ein modernes und designmäßiges Flair. Die 27 Zimmer verteilen sich auf vier Kategorien. Im Erdgeschoss befindet sich ein offenes Bistro-Café mit Originalstücken aus einem ehemaligen Traditions-Kaffeehaus am Prinzipalmarkt (dem 1997 geschlossenen Café Schucan).

Aegidiistr. 1, T 0251 51 01 50, www.central-hotel-muenster.de, Bus Aegidiimarkt/LWL-Museum, €€–€€€

### Hotel am Aasee mit Gästehaus

**Seezeit** D 5

Unmittelbar am Aasee befindet sich das Hotel Seezeit in einem ehemaligen Studentenwohnheim. Während die Hotelzimmer modernen Schick verbreiten, sind die 13 günstigen Zimmer im Gästehaus ein echter Deal. Für sie gibt es ein entsprechendes Etagen-WC. Zusätzlich bieten die Betreiber Studentenrabatte an. Das Frühstück wird im Bistro-Restaurant **Relax** (► S. 54) serviert, das sich im Haus befindet und über eine schöne Terrasse zum See hin verfügt.

Bismarckallee 47, T 0251 48 42 68 88, www.seezeit-muenster.de, Bus 2, 10 Offenbergstraße, €€–€€€ (Gästehaus €)

### Wellness am Hauptbahnhof

**Hotel Kaiserhof** Karte 2, F 4

Direkt gegenüber vom Hauptbahnhof Hauptbahnhof leiten seit 2015 Anja und Kay Fenneberg dieses traditionsreiche Viersterne-Superior-Hotel. Der 1895 eröffnete Kaiserhof geht mit den Zeiten und genügt allen Ansprüchen. Im hauseigenen Restaurant **Gabriel's** wird gehobene Küche serviert und morgens verwöhnt ein ausgiebiges Frühstücksbuffet. Das Hotel verfügt zudem über einen anspruchsvollen Wellnessbereich (für Gäste kostenlos).

Bahnhofstr. 14, T 0251 417 80, www.kaiserhof-muenster.de, Bus Hauptbahnhof, €€–€€€

### Ausflugsgaststätte am Fluss

**Landgasthof Pleister Mühle**

außerhalb K 2

Wenn Sie in romantischer Lage am Fluss Werse wohnen möchten und sich für einen Stadtbesuch gern aufs eigene Fahrrad schwingen, um über den malerischen Prozessionsweg die City zu erreichen, dann sind Sie in diesem freundlichen

*Sieben Kilometer vom Zentrum entfernt und Romantik pur: Hof zur Linde*

Landgasthof sehr gut aufgehoben. Von der Pleistermühle sind es gut 6 km ins Stadtzentrum. Vor Ort stehen ein gutes Restaurant (Di/Mi geschl.), ein populärer Biergarten, ein Kanuverleih und viel frische Luft zur Verfügung (► S. 67) – Landurlaub in Stadtnähe.
Pleistermühlenweg 196, T 0251 13 67 60, www.pleistermuehle.de, kein Nahverkehr, €€

**Idylle mit Park**
**Romantikhotel Hof zur Linde**
⌂ außerhalb K 2
Das Vier-Sterne-Superior-Anwesen ist aus einem ehemaligen Bauernhof im nordöstlichen Vorort Handorf hervorgegangen. Heute gehört der sehr fesch und stilvoll ausgebaute Hof zur Linde zu den besten Adressen Münsters: Die Fachwerkhäuser verströmen viel Charme, der Werse-Park ist wunderbar entspannend, es gibt eine Sauna und einen Fitnessraum sowie für Hotelgäste einen Fahrradverleih. Qualität wird auch im gehobenen Restaurant **Linnenboom** (Di–Sa ab 13 Uhr, €€€) groß geschrieben. Auch die Auswahl an französischen und deutschen Weinen ist groß. Günstiger ist das **Otto** (Di–Sa abends, €€). Ins Stadtzentrum sind es 7 km. Wer dabei mit dem Rad fährt, kommt durch den schönen Boniburg-Wald und direkt an der Münsteraner Kanalschleuse vorbei.
Handorfer Werseufer 1, T 0251 327 50, www.hof-zur-linde.de, Bus 2, 4, 10 Kirschgarten, €€–€€€

**Am Moor**
**Hotel-Restaurant Venner Moor**
⌂ außerhalb C 8
Sympathischer Landgasthof am Naturschutzgebiet Venner Moor (► S. 78) mit großen Zimmern sowie gutem Restaurant und Biergarten (Di–Sa 17.30–22 Uhr), 13 km südwestlich von Münster. Hier lässt sich frische Landluft schnuppern – ideal, wenn Sie nicht in der Stadt wohnen möchten und gerne Rad fahren. Am Dortmund-Ems-Kanal verbindet ein neuer Radschnellweg Venne mit Münster; guter Anschluss auch nach Senden.
Venne 3, 48308 Senden, T 02598 409, www.venner-moor.de, Bus 7/R41, So Taxibus T 541 Venner Kirche, €€

# Von Westfalen in die Welt

**Gastronomisch hat Münster aufgrund seiner recht unterschiedlichen Milieus sehr viel zu bieten: So finden sich in der Innenstadt zahlreiche Traditionslokale, die typisch westfälische Spezialitäten auf den Tisch bringen. Die regionale Küche erlebt wieder Hochkonjunktur und ist qualitativ sehr gut. Und natürlich gibt es hervorragende Restaurants mit Spezialitäten aus aller Welt sowie echte Gourmet-Tempel.**

Vor allem durch die Studentenszene ist das Gastro-Angebot im Lauf der Zeit viel weltoffener, internationaler und moderner geworden. Hier haben sich gastronomische Parallelwelten mit reichlich Auswahl entwickelt. Auch in Münster sind z. B. Tapas-Bars im Trend, der Café-Sektor boomt und leckere vegetarische und vegane (Bio-)Gerichte finden sich auf vielen Speisezetteln.

Die Öffnungszeiten und -tage der Restaurants variieren inzwischen stark. Nicht alle öffnen auch mittags oder sieben Tage die Woche. Am Wochenende und abends sind Reservierungen ratsam.

Preislich gesehen liegen die Restaurants in Münster weit auseinander: In der Studentenszene kann man schon für 3–7 € zu Mittag essen, Cafés und Bistros liegen zumeist bei ca. 10–15 €, in der Mittelklasse sind rund 15–30 € angesagt, während im Gourmetbereich auch deutlich mehr für ein Hauptgericht anfallen kann.

*Pillewoermer sind zum Glück nicht etwa Regenwürmer, sondern Schinkenstreifen.*

## ZUM SELBST ENTDECKEN

Die Restaurants liegen in Münster zwar durchaus verstreut, es gibt aber Schwerpunkte. Im Kiepenkerlviertel und am Prinzipalmarkt finden sich einige Traditionslokale, im Kuhviertel sind rustikale Bierstuben und quirlige Studentenkneipen angesagt, während sich am Hafen gerne die Szene trifft. Weitere Schwerpunkte sind das Martiniviertel sowie der Aasee. Auch in den innenstadtnahen Bereichen der Hammer, Wolbecker und Warendorfer Straße liegen mehrere Cafés und Bistros.

**Preise**
Soviel kostet in etwa ein Hauptgericht:

€ unter 15 Euro
€€ 15 bis 30 Euro
€€€ über 30 Euro

## SO BEGINNT EIN GUTER TAG IN MÜNSTER

### Croissant is in the air

**Café Montmartre**
G 4
Morgens liegt der Duft von knusprigen Croissants (auch vegan) und Baguettes in der Luft – das nette Montmartre hinter den hohen Fenstern ist dann meist gut gefüllt, und das nicht nur von Studis. Neben den süßen und herzhaften französischen Frühstücksangeboten gibt es auch eine Suppe sowie leckere Crèpes. So gelingt Ihnen ein idealer Start in den Tag.

Wolbecker Str. 30, T 0251 674 25 95, www.cafe-montmartre.de, Bus 11, 22, R 22/32 Sternstraße, tgl. 8–15 Uhr, €

### Sehen und gesehen werden

**Cafe & Bar Celona** Karte 2, F 3
An der platzartigen Shoppingmeile Stubengasse sitzt man in dem modernen Bistro gemütlich auf zwei Ebenen, sowohl vorn wie hinten gibt es eine Terrasse. Morgens beginnt der Tag mit einem netten Frühstücksbuffet (10,95 €, So Schlemmerbuffet 15,95 €), mittags gibt es Mo–Fr ebenfalls ein Angebot (9,75 €). Und da die Cafe & Bar Celona bis in die Nacht geöffnet hat, lässt sich der Tag hier mit einem kühlen Cocktail so entspannt beenden, wie er begonnen hat.

Stubengasse 17, T 0251 48 44 94 07, www.cafe-bar-celona.de, Bus Raphaelsklinik, So–Do 9–1, Fr–Sa 9–2 Uhr, €

### Printmedien zum Kaffee

**Café Extrablatt Aegidiimarkt**
Karte 2, E 3 und E 4
Auch diese Filiale der Extrablatt-Kette direkt gegenüber vom südlichen Eingang zum LWL-Landesmuseum bietet jeden Morgen in gemütlicher Bistro-Atmosphäre ein Frühstücksbuffet (Mo–Sa 12,45 €, So 14,95 €) an. Dazu liegt eine große Auswahl an Tageszeitungen aus. Ansonsten gibt es tagsüber Bistrogerichte, und am Abend stehen dann Cocktails im Vordergrund; eine weitere Extrablatt-Filiale finden Sie in der Königsstraße.

Aegidiimarkt 1, T 0251 265 53 74, www.cafe-extrablatt.com, Bus Aegidiimarkt/LWL-Museum, Mo–Sa 9–ca. 24, So 9.30–24 Uhr; Königsstr. 31, T 0251 433 06, tgl. ab 9 Uhr; beide: €

### Sympathisches Eck-Café

**Kaffeegiesserei** G 5
Ein helles Eck-Café im Hansaviertel – am Zugang zum Hafen – mit Frühstück und kleinen Gourmet-Happen. Neben üppig belegten Kraftkornbroten der nahegelegenen Vollwert-Bäckerei Cibaria gibt es Leckeres aus der Hafenkäserei (► S. 64), vom Biohof Hillmann und Kuchen aus der Konditorei Issel. Hier wird auf Qualität Wert gelegt, auch vegetarisch und vegan.

Hansaring 14, T 0251 96 19 24 00, www.kaffeegiesserei.de, Bus 6, 8, 14, 17 Hansaring, Di–So 10–18 Uhr, €

### Frühstück mit Ausblick

**1648** Karte 2, F 3
Hoch über den Dächern von Münster frühstückt es sich im 12. Stock des Stadthauses I (► S. 24) besonders gut. Der Blick schweift aus dem integrativen Café weit in die Ferne – in Münster einmalig. Nur samstags Reservierungen.

Stadthaus I, Heinrich-Brüning-Str. 5, T 0251 686 04 16 48, www.16-48.de, Bus Klemensstr./Prinzipalmarkt, Mo–Sa 9–18 Uhr, €

#### BRUNCHEN AM WOCHENENDE

Gute und beliebte Brunch-Tipps sind die beiden Filialen von **Café Extrablatt** sowie die **Cafe & Bar Celona** (s. links). Sa/So bruncht es sich auch gut im **Grotes** (► S. 61) im Kreuzviertel. Leckeres Frühstück servieren zudem das ökologisch orientierte **Café Garbo** (► S. 94), die **Pension Schmidt** (► S. 95) und das traditionsreiche (Szene-) **Café Malik** (► S. 94).

## GÜNSTIGE MITTAGSPAUSE

Viele und besonders von Studis besuchte Cafés und Lokale wie die **Frauenstraße 24** (► S. 96) bieten günstigen Mittagstisch an. Manche Lokale sind sogar nur mittags geöffnet, wie die **Fischbrathalle** (► S. 97).Günstig lunchen mit Seeblick ermöglicht das **Moro 112** (🕮 B 6, ► S. 54).
Besonders beliebt ist es, auf dem Domplatz mittwochs und samstags auf dem **Wochenmarkt** (►S. 101) sowie freitags auf dem **Biomarkt** (Ökologischer Bauernmarkt, ► S. 101) einen Mittagsimbiss einzunehmen. Der Wochenmarkt bietet z. B. Backfisch, Frühlingsrollen, Reibekuchen, Waffeln und Erbsensuppe sowie natürlich Kaffee.
Hier finden Sie ein weiteres gutes und günstiges Angebot:

### Persische Gastfreundlichkeit

**Shadi** E 5

In dem kleinen, von außen unscheinbaren Schnellrestaurant wird exzellente persische und mediterrane Küche serviert. Dabei gibt es auch leckere vegetarische und vegane Spezialitäten. Fariba und Majid führen das Shadi mit viel Elan und Wärme – persische Gastfreundschaft ist das Rezept. Kein Wunder, dass es mittags immer voll ist.

Hammer Str. 29, T 0251 530 39 33, www.shadi-muenster.de, Bus 1, 9 Goebenstraße, März–Okt. Mo–Fr 12–20, sonst 12–19 Uhr, €

## WO ESSEN AUF NACHHALTIGKEIT TRIFFT

### Fleischloser Farbtupfer

**Beetschwester**

Karte 2, F 2

Regina von Westphalen, Juniorchefin des Großen Kiepenkerl (► S. 95), schlägt mit der Beetschwester eine ganz andere Richtung ein: Im Komplex des Tibusstiftes stehen vegetarisch/vegane Leckereien auf dem Programm: Bagels, Porridge, Bowls, Curry und Süßes sowie frischgepresste Säfte, Ingwertee und Weine sorgen unter dem Motto »Green Cuisine« für ein fleischloses Vergnügen. Am nördlichen Rand der Altstadt eine zeitgemäß urbane Bistro-Adresse.

Tibusplatz 6, T 0251 98 11 73 55, www.beetschwester.de, Bus Tibusplatz, Mo–Sa 9–17 Uhr, €

### Gemütliches Kino-Café

**Café Garbo** G 3

Das Garbo am Programmkino Cinema ist zwar kein rein vegetarisches Café, es gibt aber eine große Auswahl an fair gehandelten und ökologischen Produkten, darunter Biobrot von Cibaria sowie Bio-Limonaden und -Weine. Viele Speisen sind vegetarisch oder vegan. Lecker sind u. a. die Pfannkuchen, die Pasta und die Waffeln, deftig die Bratkartoffeln. Mi–So gibt es Frühstück, darunter auch ein veganes und ein vegetarisches Angebot.

Warendorfer Str. 47, T 0251 303 09, www.cinema-muenster.de, Bus 2, 10 Zumsandestraße, Mo/Di 16–22, Mi–Sa 10–24, So 10–22 Uhr, €

### Urgestein der Café-Szene

**Café Malik** Karte 2, E 3

Das Malik ist ein Oldie der Café-Szene und überzeugt gegenüber vom Schlossplatz mit einer guten Karte, auf der sich auch eine große Auswahl an veganen Speisen und selbstgemachten veganen Kuchen findet. An den hellen Holztischen und auf der langen Wandbank sitzt es sich gemütlich, zudem gibt es diverse Zeitungen. Auf den Tisch kommen u a. Nudeln, Salate, Pfannkuchen und Bistro-Gerichte – auch leckeres Frühstück und Waffeln!

Schlossplatz 44, T 0251 442 10, www.cafe-malik.de, Bus Schlossplatz, tgl. 9–ca. 24 Uhr, €

### Angesagtes veganes Bistro

**Krawummel** Karte 2, F 4

Das sehr populäre und relaxte Bistro am Marienplatz ist komplett vegan. Es setzt auf Falafel, Salate, Burger und Suppen sowie leckere Muffins und Cup-Cakes. Alles wird nach der Bestellung an der

Theke frisch zubereitet. Dadurch entsteht mittags allerdings oft eine gewisse Warteschlange. Doch die Geduld wird belohnt. Es gibt auch Tische draußen auf dem Bürgersteig.
Ludgeristr. 62, T 0251 74 78 81 17, www.krawummel.de, Bus Ludgeriplatz, Königsstraße, So–Do 12–20, Fr/Sa 12–21 Uhr, €

### Vegetarische Institution
**Café Prütt** Karte 2, G 5
Auch nach dem Besitzerwechsel 2023 ist das gemütliche Prütt zwischen Hauptbahnhof und Hafen eine gute Anlaufstelle für vegetarische und vegane Küche. Der Schwerpunkt liegt dabei auf Vollkorn-Pizza sowie auf leckeren Tapas in entspanntem Ambiente. Hinten gibt es einen kleinen Gartenbereich.
Bremer Str. 32, T 0251 59 68 85 97, https://pruettpionierkueche.de, Bus Hauptbahnhof, Hansaring, Mi–So 12–22 Uhr, €–€€

### Nachhaltige Tradtionsküche
**Großer Kiepenkerl** Karte 2, E 3
Das traditionsreiche Restaurant direkt am Kiepenkerl hat sich nachhaltiger westfälischer Küche verschrieben, die auf regionale Zutaten, artgerechte Tierhaltung und nachhaltiges Wirtschaften setzt. So wird das Restaurant von »Slow Food« und »greentable« empfohlen. Neben fleischhaltigen Klassikern wie Münsterländer Töttchen und der ›Jagdschüssel‹ gibt es viel saisonales Gemüse und vegetarische/vegane Alternativen. Stimmungsvolle Terrasse auf dem Platz, wo im Winter ein kleiner Weihnachtsmarkt stattfindet. Nebenan bietet der Kleine Kiepenkerl ebenfalls gute Traditionsküche.
Spiekerhof 45, T 0251 403 35, www.grosser-kiepenkerl.de, Bus 5 Spiekerhof, Bus 5, 15, 16 Tibusstraße, Küche tgl. 12–21 Uhr, €€

## Institutionen und Szenetreffs

### Relaxter Szenetreff im Retrostil
**Pension Schmidt** Karte 2, F 3
Übernachten kann man in der sympathischen ›Pension‹ nicht. In den gemütlichen Wohnzimmerecken im Retrostil der 1950er-Jahre gibt es stattdessen am Wochenende leckeres Frühstück – auch vegetarisch/vegan. Ansonsten Kleinigkeiten sowie eine ausführliche Getränkekarte mit wechselnden, ungewöhnlichen Kreationen. Und abends kommt regelmäßig Kleinkunst auf die Bühne – eine perfekte Mischung.
Alter Steinweg 37, T 0251 97 95 70 50, www.pensionschmidt.se, Bus Eisenbahnstraße, Altstadt/Bült, Mo 10–22, Di–Sa 10–24, So 10–20 Uhr, €

*Der Name ist zugleich die Adresse. In der Frauenstraße 24 treffen sich Studis und die (linke) Szene ab mittags, um sich auszutauschen, um günstig und gut vor allem mit türkischen Gerichten satt zu werden.*

## Stilechte Studentenkneipe

**Frauenstraße 24** Karte 2, E 3

Die linke Szene- und Studentenkneipe ist für ihre großen Portionen herzhafter türkischer Spezialitäten bekannt. Klassiker sind die Pide- und Salat-Variationen, auch die Vorspeisen und die Falafel sind sehr lecker – und das auch vegetarisch und vegan. In den 1970er-Jahren war das schön renovierte Haus besetzt, seither ist ›die Frauenstraße‹ eine verlässliche Gastro-Institution – günstiger Mittagstisch.

Frauenstr. 24, T 0251 482 87 39, www.f24-Kneipe.de, Bus Schlossplatz, Mo–Sa 12–1 Uhr, €–€€

## Ältestes Lokal Münsters

**Altes Gasthaus Leve** Karte 2, F 3

Seit 1607 besteht hier am Alten Steinweg schon ein Lokal. In der zünftig mit Delfter Kacheln eingerichteten Traditionsgaststätte im passenden Stile einer Münsterschen Altbierschenke steht die deftige westfälische Küche im Vordergrund. Es gibt aber auch vegetarische Gerichte und in der Saison Spargel. Ausgeschenkt wird u. a. Pinkus-Bier – Leve ist Kult.

Alter Steinweg 37, T 0251 455 95, www.gasthaus-leve.de, Bus Eisenbahnstraße, Altstadt/Bült, Di–Sa 12–24 Uhr, €–€€

### WESTFÄLISCHE SPEZIALITÄTEN

Die Grundlage für Traditionslokale ist die ländlich-westfälische Küche mit eher derber und fleischlastiger Hausmannskost. **Töttchen** wird traditionell aus Kalbszunge sowie Kalbfleisch mit Zwiebeln, Suppengrün, Lorbeerblättern und Nelken in einer Butter-Mehlschwitze serviert. **Pfefferpotthast** hingegen wird mit Roastbeefsträngen oder Querrippen zubereitet. Traditionsreich sind auch **Wurstebrot** bzw. **Leberbrot.** Hier wird Blut mit Wurstbrühe, Schweinefleisch, Speck und Roggenschrot verarbeitet, bei Leberbrot kommt auch noch Leber hinzu.

Das Münsterland ist auch für seinen **Spargel** bekannt, der von Mitte April bis Ende Juni die Speisekarten vieler Restaurants bestimmt. Dazu wird gerne Westfälischer Knochenschinken gereicht, während zum Nachtisch frische Erdbeeren auf den Tisch kommen.

Eine weitere Spezialität ist das Schwarzbrot **Pumpernickel,** das im Münsterland gerne mit Reibekuchen und Apfelmus serviert wird.

## Sonnenbaden mit Cappuccino

**A2 am See** Karte 2, D 4

Wenn die Sonne scheint, zieht es die Münsteraner:innen an den Aasee – und dort nicht selten auf die große Seeterrasse des A2. Hier lässt sich bei Kaffee, Kuchen, Aperol oder kleinen wie größeren Speisen entspannt das schöne Wetter genießen. Das A2 ist eine feste Größe in Münster.

Annette-Allee 3, T 0251 284 68 40, www.a2amsee.de, Bus 14 Goldene Brücke/Aasee, tgl. 11 bis mind. 23 Uhr, €–€€

## Leckeres im Südviertel

**Litfass** E 6

Das Litfass am Südpark ist vom Ambiente eine gemütliche Kneipe mit kleinem Hofgarten, doch im Mittelpunkt steht die sehr leckere Küche. Wöchentlich wechselt die anspruchsvolle Karte, die großen Wert auf qualitativ hochwertige Speisen legt. Kein Wunder, dass das Litfass abends immer gut besucht ist; unbedingt reservieren. Die Wände stehen immer wieder für wechselnde Kunstausstellungen zur Verfügung.

Dahlweg 10, T 0251 77 53 71, www.litfass-muenster.de, Bus 1, 9 St.-Joseph-Kirche, Mi–So 17–23 Uhr, €–€€

## Mediterrane Spezialitäten

**Café Wolters / Wolters im Speicher** E 5 und H 5

Das Wolters im Südviertel empfängt seine Gäste mit einer freundlichen Bistro-Atmosphäre hinter hohen Fenstern. Die leckeren mediterranen Gerichte sind immer frisch und ansprechend. Dazu gibt es einige gute Weine; hier sollten Sie besser reservieren. Im äußersten Zipfel des Stadthafens

*Am idyllischen Rosenplatz ist Münsters Traditionsbrauerei angesiedelt.*

bietet das ›Wolters II‹ im Speicher die maritimste Sommerterrasse im Hafen mit ebenfalls mediterranen Spezialitäten, aber anderer Karte – abends sehr angenehm.

Wolters I: Hammer Str. 37, T 0251 52 44 08, www.cafe-wolters.de, Bus 1, 9 Goebenstraße, tgl. 17–23.30 Uhr, €; Im Speicher: Hafenweg 46–48, T 0251 674 33 10, www.wolters-imspeicher.de, Bus 11, 14, 22, R 22/32 Hansa-Berufskolleg, Di–So ab 17 Uhr, €–€€

### Spanische Tapas-Kneipe
**el bodegón** G 3

Dunkles Holz und Kerzenschimmer sorgen beim Verspeisen der kalten und warmen Tapas-Spezialitäten für ein sehr angenehmes Ambiente. Auf der Karte stehen auch einige wenige Hauptgerichte. Das el bodegón ist mit seinem stimmigen Konzept an der Warendorfer Straße quasi ein Urgestein – abends besser reservieren. Günstige Mittagsangebote.

Warendorfer Str. 43, T 0251 39 44 396, www.el-bodegon.de, Bus 2, 10 Zumsandestraße, Mo–Fr 12–23, Sa/So 17–23 Uhr, €€

### Fisch satt
**Fischbrathalle** Karte 2, E 2

Die schlicht aufgemachte Fischbrathalle besteht in Münster seit 1926 und ist eine Institution. Hier wird mittags leckerer Fisch in großen Portionen ohne viel Schnickschnack serviert. Das kommt gut an bei den Gästen, daher ist das Lokal immer gut besucht. Der Fisch kommt gebraten, gebacken oder gekocht auf den Teller. Dazu gibt es auch Suppe, Specials und Reibeplätzchen. Für Fischfreunde ein Muss!

Schlaunstr. 8, T 0251 431 52, www.fischbrathalle-muenster.de, Bus Kuhviertel, Tibusstraße, Di–Sa 11–15 Uhr, €€

### Traditionsreiche Brauerei-Gaststätte
**Pinkus Müller Altbierküche**
Karte 2, E 2

Pinkus Müller ist in Münster ein feststehender Begriff, denn die Familie braut bereits seit 200 Jahren im Kuhviertel auf Bio-Standard. Die Altbierküche ist eine sehr rustikale Traditionsgaststätte mit deftiger westfälischer Küche, darunter Töttchen, Blutwurst, Pfefferpotthast, aber auch Flammkuchen und diverse Käsesorten. Dazu fließt reichlich Pinkus-Bier, mit Terrasse – nebenan öffnet abends die ebenfalls rustikale Pinkus Biergalerie – prost!

Kreuzstr. 7–10, T 0251 555 67, www.pinkus.de, Bus Kuhviertel, Münzstraße, Mo–Sa 12–24 Uhr, €–€€€

## EXPERIMENTIERFREUDIG UND UNGEWÖHNLICH

### Feinste Kuchentheke

**Konditorei-Café Issel** E 5

Die Konditorei Issel an der Hammer Straße ist seit Langem für ihre kreativen und ungewöhnlichen Kuchenkreationen bekannt. Till-Moritz Scheffler führt das Geschäft mit viel Dynamik nun in der vierten Generation. Schon der Blick in die Theke macht süchtig. Vor Ort angeboten werden auch hausgemachte Pralinen, Feinschmecker-Schokolade sowie veganer Kuchen. Dazu gibt es einen kleinen Cafébereich.

Hammer Str. 44, T 0251 52 33 52, www.cafe-issel.de, Bus 1, 9 Goebenstraße, Di–Sa 13–17, So 12–16.30 Uhr, €

### Frischer Kaffeeduft

**Die Bohne** Karte 2, F 4

Röstmeisterin Anja Gendolla hat sich mit dem adretten Rösterei-Café am Marienplatz einen Traum erfüllt. Zum Kaffee werden verlockende Kuchen (auch vegan) und belegte Brötchen serviert. Auf dem Platz lässt sich das im Sonnenschein in Ruhe genießen. Klassisch gibt es zudem noch Tageszeitungen.

Ludgeristr. 60, T 0251 53 55 52 45, www.diebohne-ms.de, Bus Ludgeriplatz, Königstraße, Mo–Fr 11–18, Sa 10–18 Uhr, €

### Angesagte Eiskreationen

**Raphaels Eismanufaktur**

Karte 2, F 3 und G 5

Raphael Viehoff steht für qualitativ hochwertige und ungewöhnliche Eissorten, wie z. B. Stippmilch-Zimt-Pumpernickel; auch leckere Kuchen und Waffeln für kalte Tage – und alles gibt es auch in veganen Varianten. An sonnigen Tagen zeugen lange Schlangen von der Beliebtheit der Eisdiele. Am Hansaring gibt es in Hafennähe eine weitere Filiale.

Bült 1, T 0251 98 11 05 53, www.fb.com/raphaelseisms, Bus Altstadt/Bült, tgl. 12–19 Uhr; Hansaring 36, Bus 6, 8, 14, 17 Hansaring, Mai–Mitte Okt. Mo–Fr 14–18, Sa/So 13–18 Uhr, Winter nur Sa/So; beide: €

*Ab Ende März sprießen die weißen Spargelstangen aus dem sandigen Boden rund um Münster. Traditionell reicht man hier westfälischen Schinken dazu.*

### Griechische Oase

**Ouzeri** Karte 2, F 3

Diese freundliche kleine griechische Taverne ist mit weißen Wänden und dunklen Holztischen schlicht und gemütlich eingerichtet. Die Küche spezialisiert sich auf eine sehr leckere Auswahl an Vorspeisen (Mezedes). Dazu kommen Lamm- und Fischgerichte; im Sommer lockt ein kleiner Biergarten hinter dem Haus.

Mauritzstr. 22, T 0251 28 46 68 87, www.ouzeri-muenster.de, Bus Altstadt/Bült, Di–So 17.30–24 Uhr, €–€€

### Exotisches vom Subkontinent

**Namaste** Karte 2, G 4

Indische Küche hat auch in Münster einen guten Ruf. Dazu trägt das Namaste hinter dem Hauptbahnhof entscheidend bei. Die Auswahl ist groß und die Schärfe kann mit ein bis vier »Elefanten« selbst bestimmt werden. Immer gut für ein leckeres Curry; auch Take-away.

Bremer Str. 10, T 0251 87 25 27 78, www.namaste-muenster.de, Bus Hauptbahnhof, tgl. 11–23 Uhr, €€

### Libanesisch und Bauchtanz

**Les Cèdres** J 2

Das sehr gute libanesische Restaurant serviert leckere Spezialitäten, darunter Hummus und Tabouleh. Wer möglichst viel probieren möchte, sollte sich einen der drei ›Mäsa‹-Teller mit vielen kleinen Vorspeisen bestellen (ab 23 €, eine vegetarische Variante). Im Sommer gibt es hinten einen schönen Biergarten.

Warendorfer Str. 161, T 0251 922 66 29, www.lescedres.de, Bus 2, 10 Dechaneistraße, So–Do 17–22, Fr/Sa 17–23 Uhr, €€

### Internationales Gastroprojekt

**Salam Kitchen** G 4

Für »Versöhnlichkeit und friedliche Grenzenlosigkeit« setzt sich das internationale Team des ungewöhnlichen Gastroprojekts in einer früheren Kneipe ein. Auf den Tisch kommen israelische und arabische Spezialitäten, wie z. B. Sabich, Shakshuka oder Uzi; auch günstiger Mittagstisch – freundlich, schmackhaft und einladend!

Wolbecker Str. 64, T 0251 62 85 39 39, https://salamkitchen.de, Bus 11, 22, R 22/32 Sternstraße, tgl. 17.30–23, Di–Fr auch 12.30–14.30 Uhr, €€

### SPARGELHÖFE

Von April bis Ende Juni steht in Münster gastronomisch alles im Zeichen des Spargels. Wer die weißen Stangen gleich auf dem Hof probieren und/oder erwerben möchte, hat dazu im Norden der Stadt zwei gute Möglichkeiten: In Gelmer bietet der Hof **Lütke-Laxen** »Spargel satt« ab 17,90 € an. (außerhalb J 1, Gittruper Str. 43, T 0251 32 98 20, www.luetke-laxen.de, Bus 4 Gelmer, Spargelessen Fr–So 11.30–20 Uhr). 2 km weiter in Gittrup bietet Hof **Bäcker** in einem ›Schlemmerzelt‹ ebenfalls ein Spargelbuffet an. Für 37,50 € sind Salate, Fleisch und Getränke schon inklusive (außerhalb J 1, Gittrup 5, T 0251 32 43 72, www.spargel-baecker.de, kein Bus, Spargelessen Fr 18–20, Sa/So 11.30–14, 17–20 Uhr).

Verbinden Sie das Spargelessen bequem mit einer Radtour in die Rieselfelder: Von der Biologischen Station fahren Sie die Straße Coermühle weiter bis zum Ende. Lütke-Laxen liegt rechts hinter der Kanalbrücke in Gelmer, Bäcker links in Gittrup.

### Im Schatten der Kreuzkirche

**Die Glocke** E 2

Der ehemalige Sternekoch im Kaiserhof, André Skupin, hat sich an der Kreuzkirche selbstständig gemacht. Sein Lokal Die Glocke überzeugt durch anspruchsvolle, kreative Küche mit klassischen Extras wie dem Dauerbrenner »Wiener Schnitzel«. Angeboten werden – regelmäßig wechselnd – je vier Vorspeisen und vier Hauptgerichte (darunter Fisch und vegetarisch). Dazu kommt ein hochpreisiges Feinschmecker-Menü; mit Terrasse.

Hoyastr. 4, T 0251 93 13 58 17, www.restaurant-die-glocke.de, Bus 15, 16 Hoyastr., Di–Sa 17.30–22, Fr–Sa auch 12–14 Uhr, €€–€€€

## ZUM SELBST ENTDECKEN

Vom Prinzipalmarkt aus durchziehen zwei Fußgängerzonen die Altstadt: Die **Salzstraße** verläuft nach Osten und die **Ludgeristraße** nach Süden. Hier findet sich kleine Fachgeschäfte, große Marken-Kaufhäuser und trendige Mode- und Telekommunikationsläden. Die Cityprojekte **Münster Arkaden, Stubengasse** und **Hanse-Carré** haben den Shoppingbereich der Altstadt noch attraktiver gemacht. Der Spiekerhof und das Kuhviertel bieten vielfältige, kleinere Fachgeschäfte. Weitere Shoppingmöglichkeiten finden sich auch entlang der innenstadtnahen Bereiche der Hammer Straße, Wolbecker Straße und Warendorfer Straße.

# Shoppen mit Stil

**Die Innenstadt von Münster ist die wichtigste Shoppingadresse für das ganze Münsterland. Vor allem samstags strömen viele Gäste in die Altstadt. Dementsprechend findet sich ein sehr breites Angebot, das viele Ansprüche abdeckt.**

Vom Prinzipalmarkt über die Bogenstraße, den Roggenmarkt und den Spiekerhof säumen zum Teil sehr exklusive Mode- und Schmuckläden die seitlichen Bogengänge und machen diesen Straßenzug zu einer der teuersten Shoppingmeilen in Nordrhein-Westfalen. Aber natürlich finden sich in der City auch zahlreiche kleine Fachgeschäfte und große Kaufhäuser.

Die bunten Wochenmärkte auf dem Domplatz und der Flohmarkt auf der Promenade sind über die Jahre selbst zu Touristenattraktionen geworden. Ein Bummel über den Wochenmarkt vermittelt viel vom Lebensgefühl in Münster, und der Flohmarkt ist ein Paradies für Schnäppchenjäger. Ergänzt wird das Angebot durch kleine Wochenmärkte in den Stadtvierteln sowie durch einen Bio-Bauernmarkt auf dem Domplatz.

Ab Ende November verwandelt sich die Stadt in eine stimmungsvolle Bühne für die bunten Weihnachtsmärkte, die aus dem gesamten Umland und sogar den benachbarten Niederlanden Gäste anlocken. Die Märkte sind auf mehrere Plätze der Altstadt verteilt und lassen so die schönsten Plätze richtig zur Geltung kommen. Überhaupt lädt die Altstadt zu jeder Jahreszeit zum entspannten Shoppingbummel ein.

*Einfach erfrischend: Wochenmarkt auf dem Domplatz*

## DELIKATESSEN UND LEBENSMITTEL

### Erstklassiges Vollkornbrot

**Cibaria** G 5

Das Magazin Feinschmecker kürte die Vollkornbäckerei Cibaria zu einer der besten Bäckereien Deutschlands, auch der WDR-»Vorkoster« war voll des Lobs – zu Recht. Das Angebot reicht unter Leitung von Rike Kappler von schmackhaften Biobroten bis zu leckerem Vollkorn-Gebäck, darunter auch vegane Leckereien. Cibaria ist auch in den Bio-Supermärkten und auf den Wochenmärkten in Münster vertreten. Im alten Stammhaus an der Bremer Straße gibt es zudem einen kleinen Bioladen.

Bremer Str. 56, T 0251 675 47, www.cibaria.de, Bus 6, 8, 14, 17 Hansaring, Di–Sa 7.30–12 Uhr

### Alles handgemacht

**Die Marmeladenmanufaktur** F 5

Angela von der Goltz eröffnete dieses Geschäft mit viel Elan und einem Händchen für leckere Marmeladen. Die Palette reicht von einfachen Standardsorten bis zu Exotischem und Pikantem. Viele der Zutaten stammen aus der Region und sind bio – alles ist handgemacht.

Blücherstr. 16, T 0251 322 60 75, www.die-marmeladenmanufaktur.de, Bus 5 Friedrich-Ebert-Platz, Di–Fr 10–13, 15–18, Sa 10–13 Uhr

### Mekka für Kaffee und Tee

**Mocca-Haus** Karte 2, F 3

Seit 1952 wird in dem Fachgeschäft am Südende des Prinzipalmarkts edler Kaffee aus eigener Rösterei. Daneben finden Sie hier eine exquisite Tee-Auswahl.

Rothenburg 53, T 0251 460 94, www.moccahaus.de, Bus Klemensstraße, Picasso-Museum, Mo–Sa 10–18 Uhr

## MÄRKTE UND FLOHMÄRKTE

### Buntes Markttreiben

**Wochenmarkt Domplatz**

Karte 2, E 3

Ein Besuch des Wochenmarkts auf dem Domplatz sollte unbedingt ins Programm gehören. Der große Platz verwandelt sich mittwochs und samstags in einen sehr bunten Markt mit rund 150 Ständen. Besonders reichhaltig ist das Angebot an Obst, Gemüse, Käse, Fleisch, Fisch, Brot, Kuchen und Blumen. Manche Händler kommen sogar aus den Niederlanden. Mittags treffen sich viele Münsteraner:innen gern auf dem Markt, um dort Fisch, Erbsensuppe, Frühlingsrollen oder Reibekuchen zu essen und anschließend gemütlich noch einen Kaffee an einem der vielen Stände zu trinken.

Domplatz, www.wochenmarkt-muenster.de, Bus Domplatz, Mi/Sa 7–14.30 Uhr

### Alles bio

**Ökologischer Bauernmarkt**

Karte 2, E 3

Bio-Bauern, -Metzger und -Bäcker der Region verkaufen freitags ebenfalls auf dem Domplatz ihre saisonalen Produkte. Dabei steht viel Gemüse, Obst, Brot, Fleisch und Käse im Angebot. Es

## REGIONALE PRODUKTE

Wer in Münster oder dem Münsterland ein Mitbringsel sucht, wird schnell fündig. Kulinarisch gehören das Schwarzbrot Pumpernickel, der Westfälische Knochenschinken und die feinen Pralinen der Konditoreien zu den typischen Produkten. Leckeres Bio-Brot kommt von Cibaria (s. links), Biokäse aus der Hafenkäserei (▶ S. 64). Vom Rosenplatz in der Altstadt kommt das traditionsreiche Pinkus-Bier (▶ S. 97, S. 106). Das Finne-Team braut im Kreuzviertel modernes Craft-Bier (▶ S. 105). Der hochprozentige Korn wird in verschiedenen Brennereien der Region produziert. Bekannt ist z. B. Sasse aus Schöppingen. Ebenfalls typisch für das Münsterland ist die Blaudruckerei, die noch in Nottuln und Lüdinghausen ausgeübt wird (▶ S. 82).

gibt auch einige Stände mit deftigen Gerichten. Alles ist hier etwas kleiner und gemütlicher als auf dem großen Wochenmarkt.

Domplatz, www.oekomarkt-ms.de, Bus Domplatz, Fr 12–18 Uhr

### Schnäppchenjagd auf der Promenade

**Flohmarkt** D–F 2–4

Man erkennt es schon von Weitem an dem unüberschaubaren Fahrradmeer, dass auf der Promenade zwischen dem nördlichen Ende des Schlossplatzes und dem südlichen Ende der Aegidiistraße wieder Flohmarkt ist. Im südlichen Teil geht es bei den Freizeit-Händlern sehr locker zu und es wird intensiv gefeilscht, während im nördlichen Teil eher gewerbliche Händler anzutreffen sind.

Promenade/Schlossplatz, www.flohmarkt-muenster.de, Bus 11, 12, 13, 22 Landgericht, Mai–Sept. jeden 3. Sa 8–16 Uhr

### Adventsreigen

**Weihnachtsmärkte** E/F 3

Ob im Rathausinnenhof, an der Lambertikirche, am Kiepenkerl, an der Überwasserkirche oder im Innenhof des Aegidiimarktes – ab Ende November dreht sich jedes Jahr alles um Weihnachten. Die Weihnachtsmärkte sind für Münster fast wie eine fünfte Jahreszeit, mit vielen Gästen aus den benachbarten Niederlanden.

## GESCHENKE, DESIGN UND KURIOSES

### Für den hohlen Zahn

**Bömskes** Karte 2, E 3

Peter Stöpel und Timo Bernsmann verführen mit ihrer Bonbonmanufaktur zum Naschen. Mehrere Dutzend sehr bunter Sorten stehen zur Auswahl, auch zuckerfreie. Wem die Auswahl schwerfällt, kann sich im Workshop gleich an eigenen Kreationen versuchen. Oder man schaut im Laden der Herstellung zu.

Spiekerhof 2, T 0251 48 16 68 88, https://bömskes.de, Bus 5 Spiekerhof, Mo–Sa 10–18 Uhr

### Bunte Schaufläche für Designer

**Dein Kreativregal** Karte 2, E 2

Das Konzept ist einfach: Designer bieten ihre Produkte in dem hellen Laden an, sodass ein buntes, breites und wechselndes Angebot entsteht: von Schmuck über Mode und Kerzen bis zu Wohndeko und jahreszeitlichen Geschenkideen ist vielerlei da. Es lohnt sich in dem netten Laden zu stöbern.

Überwasserstr. 2–24, T 01520 88 234 71, https://dein-kreativregal.de, Bus 5 Kuhviertel, Di–Fr 13–18.30, Sa 11–16 Uhr

### Bunte Geschenkideen

**Findus** Karte E 5

An der Hammer Straße bietet Andrea Bäumer in zwei nebeneinanderliegenden Geschäften u. a. Design und Accessoires an, aber auch Spiele, Karten, feine Wolle und eine große Auswahl an Perlen gibt es bei ihr.

Hammer Str. 32 und 34, T 0251 538 94 73, Bus 1, 9 Goebenstraße, Mo–Fr 10–18.30, Sa 10–14 Uhr

### Schicke Mitbringsel

**Münster Souvenirs** Karte 2, F 3

In dem Laden neben der Touristeninfo gibt es ein buntes Sortiment an Münster-Artikeln: Regenschirme, Taschen, Bücher, Kalender, Tassen und Münster-Spiele stehen im Angebot. Sogar Korn und Wurst werden verkauft – hier gibt es viele ansprechende Geschenkideen zur Erinnerung an den Münster-Besuch.

Heinrich-Brüning-Str. 6, T 0251 98 16 003, www.muenster-souvenirs.de, Bus Klemensstraße, Mo–Sa 10–18 Uhr

## MODE UND ACCESSOIRES

### Designer-Schuhe und -Accessoires

**Frau Schuh an der Kreuzkirche**

E 1

›Frau Schuh‹ heißt eigentlich Barbara Wehmeyer. In ihrem Laden an der Kreuzkirche bietet sie eine gute Auswahl an modischen Designer-Schuhen, Taschen, Accessoires und eine kleine Auswahl an Bekleidung an.

*Titus Dittmann gilt in der Szene als ›Skater-Papst‹.*

Hoyastr. 7, T 0251 92 45 32 59, www.frauschuh.de, Bus 15, 16 Hoyastraße, Di–Fr 10–18, Sa 10–14 Uhr

### Bioklamotten

**gruene wiese** Karte 2, E 3
An der Ecke Magdalenenstraße finden Sie in diesem Laden Kleidung aus fairgehandelter Biowolle und recycelten Produkten für Frauen und auch für Männer.

Spiekerhof 29, www.gruenewiese-shop.de, Bus 5 Spiekerhof, Mo–Fr 11–19, Sa 10.30–18 Uhr

### Grün und fair

**Frau Többen, Herr Többen** E 5
Andrea Többen verkauft auf der Hammer Straße direkt neben einem netten Weltladen als Frau Többen ökologische und fair produzierte Frauenmode. Etwas weiter an der Straße bietet die Filiale Herr Többen ansprechende Herrenmode. Ein überzeugendes Konzept mit freundlicher Atmosphäre.

Frau Többen: Hammer Str. 55, Herr Többen: Hausnr. 20, beide: T 0251 13 55 41 00, https://frautoebben.de, Bus 1, 9 Goebenstraße, Mo–Fr 10–18.30, Sa 10–17 Uhr

### Schmucke Kopfbedeckung

**Hutmoden Schmedes** Karte 2, F 3
Mittlerweile hält das Traditionsgeschäft von 1881 in Sachen Hutmode in Münster zwar nicht mehr alleine die Fahne hoch, doch die Auswahl für Damen und Herren ist in dem Laden in der Fußgängerzone sehr groß. Hier gibt es auch ausgefallenere Modelle, vom Fascinator mit passender Clutch für die Dame bis zu Prinz-Heinrich-Mützen für den hutaffinen Mann.

Salzstr. 36, T 0251 432 97, www.hutmoden-schmedes.de, Bus Servatiiplatz, Klemensstraße, Mo–Fr 11–18, Sa 10–16 Uhr

### Design aus dem Wedding

**Kauf dich glücklich** Karte 2, E 3
Der bunte Concept Store mit Wurzeln im Berliner Wedding verkauft nicht nur funkige Designer-Mode, sondern auch Keramik, Geschenkartikel und Accessoires. Der Laden lädt zum Stöbern ein.

Spiekerhof 38, T 0251 703 69 69, www.kaufdichgluecklich-shop.de/muenster, Bus 5 Spiekerhof, Mo–Sa 10–20Uhr

### Beim Skaterpapst

**Titus** Karte 2, E 4
Skaterpapst Titus Dittmann verkauft im ehemaligen Apollo-Filmtheater am Marienplatz Skateboards und sportliche Jugendmode. Zum Skaten und Feiern bietet Titus seinen Skaters Palace im Süden der Stadt an.

Königsstr. 32–33, T 0251 13 46 64 70, www.titus.de/muenster, Bus Königsstraße, Ludgeriplatz, Mo–Do 11–19, Fr/Sa 10–19 Uhr

### ZUM SELBST ENTDECKEN

In Münster liegen die meisten Ausgehviertel relativ eng zusammen. In der **Altstadt** sind der Bereich zwischen Prinzipalmarkt und Kuhviertel sowie die Frauenstraße und Königsstraße beliebte Locations.
An schönen Abenden pilgern die Münsteraner zum **Aasee,** wo die Terrassen auch für Nachtschwärmer öffnen.
Ebenfalls als Ausgehmeile sehr angesagt sind der **Hafen** sowie die benachbarten Straßenzüge **Hansaring** und **Hawerkamp.**
Auch in den innenstadtnahen Stadtvierteln finden sich ansprechende Cafés und Kneipen, u.a. an der Kreuzkirche, an der Hammer Straße, am Hansaring sowie an der Wolbecker und Warendorfer Straße.

# Picheln und schwofen

**Wie bei einer großen Unistadt nicht anders zu erwarten, ist das Unterhaltungsangebot in Münster breit gefächert und bietet für jeden Geschmack etwas. Neben den rustikalen westfälischen Traditionslokalen in der Altstadt finden sich moderne Bars sowie eine große Zahl an studentischen Cafés und Kneipen.**

Mehrere Theater sorgen zudem für hochwertige Kulturangebote und hervorragende Programmkinos zeigen mehr als nur Blockbuster-Filme. Dazu kommen zahlreiche Locations für Livemusik und Kleinkunst mit einem dichten Programmangebot. Für das junge Publikum öffnen vor allem am Wochenende mehrere Discos und Klubs. Der Hafenbereich ist dann oft bis tief in die Nacht voller Leben. Auch die schwul-lesbisch-queere Szene wird in Münster angesprochen. Aktuelle Infos dazu finden sich z. B. auf: www.kcm-muenster.de.

Was das Nightlife angeht, hat Münster eine gute Mischung aus Tradition und Moderne hinbekommen, die auf das ganze Münsterland ausstrahlt. ›Picheln‹ und ›schwofen‹ (Masematte für trinken und tanzen) ist in Münster sehr gut möglich. Zur Attraktivität trägt bei, dass es ein gut ausgebautes Nachtbusnetz in der Stadt und am Wochenende auch ins Umland gibt (► S. 111).

*Cavete: Münsters älteste Studikneipe*

## BARS UND KNEIPEN

### Selbstgebrautes Bio-Bier

**Finne** F1

Die hippe In-Kneipe im Kreuzviertel ist ein Kind der Craft-Beer-Revolution. Drei agile Nachwuchsbrauer zapfen sechs eigene Bio-Biere. Vor Ort werden »Kreativbiere« gebraut. Im Angebot sind auch mehrere Gastbiere sowie Bio-Wein und einige Bio-Snacks, z. B. aus der Hafenkäserei (► S. 64).

Kerßenbrockstr. 8, T 0251 74 86 70 04, www.finne-brauerei.de, Bus 15, 16, N81 Nordplatz, Mi–So 18–23 Uhr

### Münsters erste Studentenkneipe

**Cavete** Karte 2, E 2

Münster 1958: In der Studentenzeitung »Semesterspiegel« beschwert sich der Student Wilfried Weustenfeld unter der Überschrift »Cavete Münster« (»Hütet euch vor Münster«) voll Bitterkeit, dass es in der Unistadt kein einziges Studentencafé oder eine Studikneipe gebe und folgert: »Arm der Student, der nichts als Münster kennt!« Dermaßen aufgeschreckt, wird sogar der Uni-Rektor aktiv und schickt zwei Studierende auf Erkundungstour durch die Republik. Das Ergebnis ist ein Jahr später die Gründung der Akademischen Bieranstalt Cavete, die bewegte Zeiten durchmachte. Die gemütliche Einrichtung aus dunklem Holz ist noch original, die Stimmung sehr gut. Herzhaft und teils bio ist das Essen, legendär sind die grünen Nudeln.

Kreuzstr. 37–38, T 0251 414 35 16, www.muenster-cavete.de, Bus Kuhviertel, Münzstraße, Mo–Do 17–1, Fr 17–2, Sa 13–2 Uhr

### Hafen-Party

**Coconut Beach** G 6

2018 zog die angesagte ›Strand‹-Location vom Stadthafen I auf ein noch völlig unerschlossenes Brachareal am Stadthafen II, am Rande des Hawerkamp. Die neue Location erwies sich rasch als Glücksgriff, weil sie sehr ungewöhnlich und kernig stimmungsvoll ist. Ob der Beach mit der Eventlocation Heaven auf Dauer hier bleibt, war bei Redaktionsschluss noch ungewiss – dieser Hafenbereich ist noch stark in Bewegung.

Hawerkamp 29c, T 0251 609 05 85, www.coconutbeach.de, Bus 6, 8, 17, N85 MCC Halle Münsterland, Beach Mai–Sept. Mi–Fr 17–ca. 2, Sa 15–ca. 2 Uhr (bei gutem Wetter), kein Bargeld

### Stimmung im Kuhviertel

**Das Blaue Haus** Karte 2, E 2

Ursprünglich war das Blaue Haus 1970 als Ableger der Cavete gegründet worden. Inzwischen ist die nette Traditionskneipe eine eigenständige Institution in der bunten Kreuzstraße. Auf zwei Etagen geht es in der »Akademischen Bieranstalt« munter zu, es werden auch warme Gerichte angeboten.

Kreuzstr. 16–17, T 0251 421 51, www.blaue-haus-muenster.de, Bus Kuhviertel, Münzstraße, So–Do 12–1, Fr/Sa 12–3 Uhr

### Cocktails und Gin

**Eulen & Lerchen** G 5

Die Bar in zwei alten Ladenlokalen serviert nicht nur Cocktails und Gin, sondern bietet für Fans darüber hinaus auch Cocktail-Workshops und Gin-Tastings an. Passt ins hafennahe Szeneviertel.

Hansaring 33, T 0251 60 90 83 96, https://eulen-lerchen.de, Bus 6, 8, 14, 17 Hansaring, Mo/Di 18–1, Mi/Do 16–2, Fr/Sa 16–3 Uhr

### Biertanke

**Gasolin** Karte 2, E 4

Der Name deutet es an: Die sympathische Café-Kneipe ist in einer ehemaligen Tankstelle untergebracht. Lockere Stimmung beim primär studentischen Publikum drinnen wie draußen auf den Biergarten-Bänken. Es gibt auch Frühstück.

Aegidiistr. 45, T 0251 890 78 43, www.cafe-gasolin.de, Bus 2, 4, 10, 14 Schützenstraße, Mo–Fr 10–24, Sa/So 11–1 Uhr

### Urgestein im Erphoviertel

**Kasi's Kling Klang** G 3

Das Kling Klang ist ein Oldie im Erphoviertel. Drinnen steht ein Pool-Tisch und auf der Terrasse genießt man abends die

## WEINBARS

Nach dem Theaterbesuch oder dem Abendessen noch gemütlich ein Gläschen Wein trinken – im Martiniviertel und im Zentrum gibt es dafür zwei einladende Adressen: Die **Vinothek am Theater** (Karte 2, F 2, Neubrückenstr. 16, T 0251 98 16 480, www.vinothekam theater.de, Bus Theater Münster, Mo–Sa 12–24, So 17–22 Uhr) ist ein sympathisches Weinlokal mit angeschlossenem Shop. Es gibt rund 25 offene Weine im Ausschank sowie Sekt. Zum Wein werden auch leckere Speisen und passende Snacks gereicht (€–€€), auch guter Mittagstisch.
Rund 30 offene Weine, Flammkuchen und leckere Tapas bietet die gemütliche Weinbar **Idéal** (Karte 2, F 4, Beginengasse 12, T 0251 484 00 00, www.ideal-muenster.de, Bus Klemensstraße, Mo–Do 11–23, Fr/Sa 10–24 Uhr) an einem kleinen Platz zwischen Stubengasse und Ludgeristraße.

nette Atmo auf dem lauschigen Platz unweit der Warendorfer Straße. Dazu wird herzhaftes Kneipenessen serviert – viel Stammpublikum.

Erphostr. 2, T 0251 345 80, Bus 2, 10, N83 Zumsandestraße, So–Mi17–23, Do–Sa 17–24 Uhr

### Nächtliches Brathähnchen
**Nordstern** E 1

Der Nordstern ist eine kleine Institution, weil hungrige Nachtschwärmer an der Kreuzkirche seit ewigen Zeiten bis 2.30 Uhr auf dem Weg nach Hause (oder vor der letzten Discorunde) noch schnell ein Brathendl bestellen können. Schöner kleiner Biergarten. Der Nordstern hat dem Wandel der Zeit erfolgreich standgehalten. Über dem Restaurant befindet sich ein Hostel.

Hoyastr. 3, T 0251 399 73 15, Bus 15, 16, N81 Hoyastraße, Mo–Fr 16–3, Sa/So 11–3 Uhr

### Münsters Kultbrauerei
**Pinkus Müller Biergalerie**

Karte 2, E 2

Neben der Altbierküche und der Brauerei betreibt Familie Müller auch noch diese rustikale Kneipe im Kuhviertel. Wer etwas zum ›Pinkus‹ essen möchte, kann aus einer verkleinerten Version der Restaurantkarte auswählen – eine gemütliche Traditionsadresse.

Kreuzstr. 4, T 0251 703 66 99 22, www.pinkus.de, Bus Kuhviertel, Münzstraße, Mo–Sa 17–ca. 24 Uhr

### Eher alternativ
**Plan B** G 5

Lockere Eckkneipe mit eher alternativem Einschlag. Vor allem am Wochenende locken die langen Öffnungszeiten ein spätes Publikum an. Regelmäßig sorgen DJs für rockige und punkige Sounds. Angesagt ist auch Musik aus den 1960er-/70er-Jahren.

Hansaring 9 (Ecke Soester Straße), T 0251 674 44 22, www.plan-b-ms.de, Bus 6, 8, 14, 17, N85 Hansaring, So–Do 19–2, Fr–Sa 19–4 Uhr

### Bei Dagi und Hannes
**Spooky's** E 5

Dagi und Hannes leiten an der Hammer Straße gegenüber der St.-Joseph-Kirche mit viel Herz eine sehr familiäre und urgemütliche Rock- und Blueskneipe, die deshalb eine große eingeschworene Stammgefolgschaft hat. Hier wird auch Tatort und Fußball geguckt. Gern wird auch draußen gesessen: Die gemütliche Terrasse ist immer voll.

Hammer Straße 66, T 0251 430 85, www.spookys.de, Bus 1, 9, N85 St.-Joseph-Kirche, Mo–Do 17–24, Fr 17–3, Sa 16–3, So 16–24 Uhr

### Britischer Pub
**The James** Karte 2, F 3

Der ›britische‹ Pub ist direkt neben dem ehemaligen Lotharinger Kloster am Hotel Martinihof angesiedelt. Es gibt einen kleinen Biergarten, und hinter der Theke sind sehr gute schottische Single Malts aufgereiht; gemütlich und einladend.

Hörster Str. 26, T 0251 48 44 712, www.thejames.de, Bus Hörstertor, Standesamt, Di–Sa 17.30–23.30 Uhr

## KLUBS UND TANZEN

Heiße Rhythmen

**Fusion Club** G 6

In dem selbst ernannten »Home of Electronic Music« werden die Nächte lang, dafür starten sie aber auch spät. Angesagt ist auf dem Main Floor und dem kleineren House Floor zumeist Disco. Seit 2021 sind auch zwei Lichtdesigner mit an Bord. Ein Highlight: das Dockland-Festival im Frühjahr.

Hawerkamp 31, T 0251 48 16 90, www.fusion-club.de, Bus 6, 8, N85 MCC Halle Münsterland, Fr/Sa 23–ca. 5 Uhr (plus gelegentliche Live-Events)

Konzerte und Disco

**Jovel Music Hall** G 6

Das Jovel ist ein Münsteraner Urgewächs für gute Gigs auch mit bekannten Namen, das im ehemaligen Kiffe-Autohaus am Zugang zum Hawerkamp untergekommen ist. Besitzer Steffi Stephan ist Freund und Bassist von Udo Lindenberg mit Verbindungen in die bundesweite Musikszene. Nebenan steigt im September/Oktober im Bierzelt das große Münsteraner Oktoberfest.

Albersloher Weg 54, www.jovel.de, Bus 6, 8, N85 MCC Halle Münsterland, Öffnungszeiten je nach Veranstaltung

Party und Rock

**Sputnikhalle** G 6

In den alten Werkshallen des alternativen Hawerkamps ist die Sputnikhalle ein Fixpunkt für vielfältige Konzerte und lange Nächte – eine der besten Locations im Hafenbereich.

Am Hawerkamp 31, T 0251 66 20 62, www.sputnikhalle.de, Bus 6, 8, N85 MCC Halle Münsterland, Öffnungszeiten je nach Event

## LIVEMUSIK UND KLEINKUNST

Guter Mix

**Gleis 22** F 5

Das städtische Gleis 22 im Jugendbildungszentrum JiB ist aufgrund seines

*Konzerte der Extraklasse von Bands wie The Astro Zombies und Partys mit Namen wie Urban Underground. Gleis 22 ist immer am musikalischen Puls der Zeit.*

hervorragenden Programms weit über die Stadtgrenzen als erstklassige Konzert-Location bekannt. In mehr als 35 Jahren traten hier mehrere Tausend Bands auf, und das ›Gleis‹ wirkt immer noch jung und frisch.

Hafenstr. 34, www.gleis22.de, Bus Von-Steuben-Straße, Öffnungzeiten je nach Event, s. Website

### Jazz am Hafen

**Hot Jazz Club** G 5

Der Laden im Keller eines ehemaligen Getreidespeichers gehört längst zu den Stammadressen am Hafen und ist aus Münster nicht mehr wegzudenken. Hier wird nicht nur feiner Jazz geboten, auch Salsa, Blues, Folk und Soul haben ihren Platz. Für die montägliche ›Monday Night Session‹ ist der Eintritt frei, ansonsten wechselt der Eintritt je nach Konzert. Ergänzend wird ab und an Improtheater oder Comedy geboten. Bei schönem Wetter öffnet im Sommer auch eine rustikale Terrasse direkt am Hafenkai.

Hafenweg 26b, T 0251 68 66 79 08/09, www.hotjazzclub.de, Bus 6, 8, 17, N85 Stadtwerke/Hafen, Mai–Aug. Mo–Sa ab 18 Uhr, So ab 14 Uhr, sonst Mo–Sa ab 19, So ab 15 Uhr

### Anspruchsvolle Bühne

**Kreativ-Haus** Karte G 4

Im Kreativ-Haus treten schon seit Jahrzehnten regelmäßig Comedians, Singer-Songwriter und andere Kleinkünstler:innen auf. Das anspruchsvolle Programm lohnt immer einen Blick.

Diepenbrockstr. 28, T 0251 89 90 09 0, www.kreativ-haus.de, Bus 11, 22, R 22/32 Sternstraße

### Musik und Comedy

**Pension Schmidt** Karte 2, F 3

Abends regelmäßig ansprechende Kleinkunst in dem netten Szenecafé (Alter Steinweg 37, ► S. 95).

### Die Show der Stars

**MCC Halle Münsterland** G 6

Die Halle Münsterland verfügt über die größte Konzerthalle von Münster. Hier finden nicht nur überregionale Messen statt, sondern es treten auch regelmäßig große Stars auf. Dabei reicht das Programm von Ballett über André Rieu bis zu Rock- und Popgrößen. Legendär: 1965 das erste Konzert der Rolling Stones in Deutschland.

Albersloher Weg 32, Tund251 66 000, www.mcc-halle-muensterland.de, Bus 6, 8, N85 MCC Halle Münsterland

*Der Hawerkamp kann auch Open-Air: hier das Vainstream-Rockfest.*

## HÖHEPUNKTE DES MÜNSTERANER KULTURPROGRAMMS

**Festivals und Großevents**
Highlights sind drei Mal im Jahr der Send (große Kirmes auf dem Schlossplatz) sowie das Stadtfest, das Hafenfest, das Vainstream (Rockfest), der Schauraum sowie das Reitturnier der Sieger. Sportlich sind der Marathon im September sowie der Münsterland-Giro am 3. Oktober. Weitere Infos s. Veranstaltungshinweise.

**Theater Münster** 🕮 Karte 2, F 3
Die städtischen Theaterbühnen bieten anspruchsvolles Schauspiel, Musik und Tanz. Mit dem Großen und Kleinen Haus verfügt das Theater über zwei Bühnen.
Neubrückenstr. 63, T 0251 59 09 100, www.theater-muenster.com, Bus Theater Münster, Altstadt/Bült

**Wolfgang-Borchert-Theater**
🕮 G 5
Das 1956 gegründete WBT im Flechtheim-Speicher am Hafen setzt mit Intendant Meinhard Zanger kritische wie unterhaltsame Stücke mit sehr hoher Professionalität um.
Am Mittelhafen 10, T 0251 400 19, www.wolfgang-borchert-theater.de, Bus 6, 8, 17, N85 Stadtwerke/Hafen

**Theater im Pumpenhaus** 🕮 G 1
Münsters Bühne für zeitgenössische Aufführungen und Tanzdarbietungen. In dem umgebauten Industriedenkmal treten Gast-Ensembles auf.
Gartenstr. 123, T 0251 23 34 43, www.pumpenhaus.de, Bus 6, 8, N82 Pumpenhaus/Lublin-Ring

**GOP Varieté-Theater Münster**
🕮 Karte 2, F 4
Im ehemaligen Roland-Kino am Hauptbahnhof bringt die Varieté-Kette (Stammhaus in Hannover) sehr Unterhaltsames auf die Bühne.
Bahnhofstr. 20–22, T 0251 490 90 90, www.variete.de/muenster, Bus Hauptbahnhof

**Boulevard Münster** 🕮 Karte 2, E 4
Das Boulevard ist vor allem für Komödie zuständig; auch Kabarett.
Königsstr. 12–14 (Königspassage), T 0251 414 04 00, www.boulevard-muenster.de, Bus Picasso-Museum

**Puppentheater Charivari**
🕮 Karte 2, D 4
Seit 1986 spielen sich Kasper & Co. unter der Regie von Wilfried Plein in die Herzen der kleinen und großen Zuschauer. Der Nachmittag gehört den Kindern, abends werden im Charivari auch Erwachsenenstücke aufgeführt. Das Ambiente ist urig, die Puppen werden teils direkt vor Ort geschaffen.
Körnerstr. 3, T 0251 52 15 00, www.charivari-theater.de, Bus 2, 10, N83 Körnerstraße

**Kinos**
Die beiden Münsteraner Programmkinos Cinema und Schlosstheater werden Jahr für Jahr für ihr anspruchsvolles Programm ausgezeichnet. Für die Blockbuster ist der Kinopalast Cineplex am Hafen zuständig.
**Cinema:** 🕮 G 3, Warendorfer Str. 47, T 0251 30 300, www.cinema-muenster.de, Bus 2, 10, N83 Zumsandestraße, mit Café Garbo (► S. 94)
**Cineplex:** 🕮 G 5, Albersloher Weg 14, T 0251 98 71 23 33, www.muenster.cineplex.de, Bus 6, 8, 17, N85 Stadtwerke/Hafen
**Schlosstheater:** 🕮 D 1, Kanonierplatz, T 0251 68 66 39 92, www.muenster.cineplex.de, Bus 9 Kanonierplatz, N85 Steinfurter Straße, mit schönem Café plus Terrasse

**Veranstaltungshinweise**
Aktuelle Tipps bringen Westfälische Nachrichten (WN) und Münstersche Zeitung (MZ) sowie jeden Mittwoch die »na dann« (www.nadann.de). Die Stadt Münster selbst veröffentlicht jeden Monat das Heft »Münster live«, im Netz aktuelle Events auch auf: www.stadt-muenster.de/tourismus/veranstaltungen.

# Hin & weg

## Ankunft

**Hauptbahnhof**
Der Münsteraner Hauptbahnhof liegt zwischen Berliner und Bremer Platz rund 1 km östlich vom Prinzipalmarkt (ca. 15 Min. Fußweg durch die Windthorststraße). Vor dem Hauptbahnhof halten auf dem Berliner Platz alle Stadt- und Regionalbuslinien, sodass ein Umstieg in den städtischen Nahverkehr bequem möglich ist. Ebenfalls direkt am Hauptbahnhof liegt das große Fahrradparkhaus mit eigenem Radverleih.
**Fernbusbahnhof**
Derzeit an der Ecke Hafenstraße/Friedrich-Ebert-Straße, ca. 500 m südlich vom Hauptbahnhof.
**Flughafen Münster-Osnabrück**
Der FMO (www.fmo.de) liegt ca. 20 km nördlich von Münster bei Greven. Vom FMO fahren regelmäßig Linienbusse (S50, D50, R51) in die Stadt.

## Informationen

**Münster Information/ Münster Marketing:**
Kontakt: T 0251 492 27 10, tourismus@stadt-muenster.de, www.tourismus.muenster.de.
**Informationsbüros:**
Stadthaus I, Heinrich-Brüning-Str. 7, T 0251 492 27 10, Mo–Fr 8–18, Sa 9–16 Uhr.
Bürgerhalle Rathaus, Prinzipalmarkt 10, T 0251 492 27 24, Di–Fr 10–17, Sa/So 10–16 Uhr.
Die städtische Touristeninfo von Münster Marketing beantwortet alle Fragen rund um einen Münster-Besuch. Auf der Webseite gibt es praktische Infos und Broschüren, auch zum Download. Vor Ort gibt es in den zwei zentralen Infobüros Auskünfte zu Besichtigungen, Veranstaltungen und Ausflügen. Zudem gibt es einen Skulpturenführer (online) sowie den unterhaltsamen Krimiführer »Mörderisches Münster«.
Es ist möglich, bei der Münster Information vorab telefonisch oder im Internet oder aber spontan vor Ort ein Zimmer zu reservieren (T 0251 492 27 26). Das Infobüro in der Bürgerhalle im Rathaus am Prinzipalmarkt hat sogar sonntags geöffnet und übernimmt dann die Zimmervermittlung vor Ort.
Im zentralen Büro im Stadthaus I liegen zudem zahlreiche Broschüren und Flyer aus, u. a. zu Stadtführungen, Theater, Kino, Konzerten und Veranstaltungen. Für bestimmte Stadtführungen und Veranstaltungen lassen sich auch im Vorverkauf Tickets erwerben.

**www.muenster.de:** Die offizielle Webseite der Stadt Münster liefert viele nützliche Hintergrundinfos zur Stadt sowie zu Themen wie Politik, Verwaltung, Wirtschaft, Kultur, Soziales und Umwelt. Links führen z. B. zum Busfahrplan der Stadtwerke Münster.

**www.muensterland.com:** Sehr informative touristische Webseite von Münsterland e. V., der die Tourismus-Aktivitäten in der Region koordiniert. Online gibt es u. a. viele Tipps für Rad-, Reit- und Kanutouren sowie Adressen von Unterkünften und Veranstaltungshinweise.

**www.nadann.de:** Online-Ausgabe des kostenlosen Wochenhefts mit Veranstaltungshinweisen, Kinoprogramm, Mensaplan und zahlreichen Kleinanzeigen (u. a. zur Wohnungssuche). Die Printausgabe erscheint jeweils mittwochs.

## Reisen mit Handicap

Münster Information hat die nützliche Broschüre »Barrierefrei durch Münster« zusammengestellt (auch als PDF zum Download: www.stadt-muenster.de/

tourismus/service-und-informationen/informationsmaterial).

## SICHERHEIT UND NOTFÄLLE

Münster ist im Allgemeinen eine sehr sichere Stadt. Allerdings sollten Gäste bei größeren Märkten vorsichtig sein. Das größte Problem ist eigentlich der Fahrraddiebstahl. Lassen Sie Ihr Fahrrad niemals unabgeschlossen stehen und versuchen Sie nachts unbedingt, ein gutes Fahrrad in Ihrer Unterkunft sicher einzustellen.
Im Notfall hilft der Polizeinotruf 110. Die Polizei (T 0251 27 50) ist in der Innenstadt in der Julius-Voos-Gasse mit einer Wache präsent, das Polizeipräsidium befindet sich am Friesenring 43. Am Hauptbahnhof befindet sich für Schadensfälle im Bahnhof oder in einem Zug eine Dienststelle der Bundespolizei (Bahnhofstr. 1, T 0251 97 43 70).

## UMWELTFREUNDLICH UNTERWEGS

### Öffentliche Verkehrsmittel

Münster hat einen effektiven und gut ausgebauten öffentlichen Nahverkehr, der sich vor allem auf **Linienbusse** stützt. 20 Stadtbuslinien, neun Schnellbuslinien sowie weitere Regionalbusse bedienen Münster tagsüber. Dazu kommen noch diverse Taxibusse, für die man sich vorher telefonisch anmelden muss (T 0251 694 50 00). Abends ab 20 Uhr verkehren im Stadtgebiet ab Hauptbahnhof bis 1 Uhr sechs Nachtbuslinien, die in den Nächten von Freitag bis Sonntag durch Nachtbusse ins Umland ergänzt werden.
Zentraler Knotenpunkt des Busverkehrs sind die Haltestellen auf dem Berliner Platz vor dem Hauptbahnhof. Hier kann man in alle Stadt- und Regionalbusse umsteigen sowie bequem mit dem Zug weiterfahren.
Für den Zugang zur Altstadt sind im Süden die Haltestelle Ludgeriplatz sowie im Norden die Haltestelle Altstadt/Bült die wichtigsten Drehscheiben. Hier halten sowohl Stadt- wie Regionalbusse. Einige Linien fahren quer durch die Altstadt.

**Tickets:** Das Deutschlandticket ist auch in den Bussen und Bahnen in Münster uneingeschränkt gültig. Einzeltickets kosten im Stadtgebiet 3,30 € (Kinder 1,50 €); Kurzstrecke (bis zu vier Haltestellen) 1,90/0,80 €; 90 Min. Ticket (elekt.) 2,20 €; 4er-Tickets (nur im Vorverkauf): 11,60/4,80 €. Das 24-Stunden-Ticket kostet 6,40 € und berechtigt zur Mitnahme von bis zu drei Kindern. Gruppentickets kosten für 24 Std. 12 €. Hier dürfen fünf Personen mitfahren. Nachtbusse können innerhalb von Münster zuschlagsfrei genutzt werden, der Radtransport kostet ganztags 1,50 €. Wichtig: Im Vorverkauf an den Fahrkartenautomaten sind die Tickets teils deutlich günstiger!
Für Fahrten ins Münsterland gelten eigene Tarife. Auch diese Tickets gibt es vorab an den Fahrkartenautomaten.

**Aktuelle Fahrplaninfos und Beratung:** Service-Zentrum mobilé, Berliner Platz 22, Mo–Fr 9–19, Sa 9–14 Uhr.
**Telefonische Fahrplanauskunft:** T 01806 50 40 30 (rund um die Uhr Fahrplaninfos zu Münster, Münsterland und NRW)
**Internet:** www.stadtwerke-muenster.de (Stadt), www.bus-und-bahn-im-muens terland.de (Region).

### Taxi

Am Hauptbahnhof und an vielen anderen Standorten gibt es in Münster Taxistände. Ein Taxi ist leicht zu bekommen, außer manchmal an Samstagabenden, bei großen Festivals, am Karnevalswochenende oder zu Silvester. Die städtischen Taxitarife in Münster belaufen sich Mo–Sa zwischen 6–22 Uhr auf 4 € Grundgebühr und 2,50 €/km. Nachts (22–6 Uhr) und an Sonntagen steigt der Tarif um 30 bzw. 40 Cent. Stand-/Wartezeit wird mit 30,10 €/Std. berechnet. Im Großraumtaxi bei mehr als vier Fahrgästen zusätzliche Grundgebühr von 6 €, Radtransport 3,50 €. Fahrten zum Flughafen Münster-Osna-

brück kosten aus dem Stadtzentrum rund 74 €.
Taxibestellungen über die Taxizentrale (T 0251 600 11, www.taxi60011.de) oder den TaxiRuf (T 0251 255 00, www.taxiruf-muenster.de).

**Radfahren**
Innerstädtisch ist die Radfahrern und Fußgängern vorbehaltene Promenade rund um die Altstadt eine wunderbare Route, die zugleich als sicherer Zubringer auf dem Weg in die äußeren Stadtteile dient. Durch das sehr gut ausgebaute und beschilderte Radwegenetz ist es leicht, aus der Stadt herauszukommen und über kleine Pfade und Wirtschaftswege eine ›Pättkestour‹ ins Grüne zu machen. In diesem Buch werden drei mögliche Radausflüge empfohlen (► S. 67). Als Kartengrundlage empfiehlt sich dabei vor allem der offizielle Stadtplan bzw. der offizielle Fahrradstadtplan.
Für Touren jenseits der Stadtgrenzen gibt es von BVA drei Radfahrkarten für die angrenzenden Kreise Warendorf, Coesfeld und Steinfurt (jeweils im Maßstab 1:50 000). Münster liegt an mehreren Fernradwegen: Im Norden berührt der EmsRadweg von Warendorf und Telgte kommend bei Gelmer und Gittrup das Stadtgebiet und führt über Gimbte und Greven weiter Richtung Rheine. Im Osten erreicht der Werse Rad Weg von Ahlen und Drensteinfurt kommend bei Wolbeck das Stadtgebiet und führt dann über Angelmodde, Stapelskotten, Pleistermühle und Handorf nach Gelmer, wo der Radweg in den EmsRadweg mündet. Die internationale Europa-Route R1 führt aus den Niederlanden mitten durch das Stadtgebiet Richtung Berlin. Der Radweg am Dortmund-Ems-Kanal (DEK) quert das Stadtgebiet von Lüdinghausen im Süden kommend nach Rheine im Norden. Im Stadtgebiet verbindet er als größtenteils ausgebauter Radschnellweg vom Venner Moor aus Amelsbüren und Hiltrup, den Hafen, Coerde, die Rieselfelder und Gelmer miteinander. Eine kleinere Route ist die sog. Friedensreiterroute zwischen Münster und Osnabrück. Im Aufbau befindet sich ein Netz von Velorouten in die Umlandgemeinden.
Infos rund ums Radfahren gibt es bei Münster Marketing, www.tourismus.muenster.de und bei Münsterland e. V., www.muensterland.com.

**Radverleih/Service:**
In Münster stehen in drei Radstationen zahlreiche Räder zum Verleih. Dennoch kann es zwischen Frühjahr und Herbst an (schönen) Wochenenden schnell eng werden. Frühzeitiges Reservieren ist deshalb sehr ratsam. Kontakt über:
**Radstation Hauptbahnhof:** Karte 2, F/G 4, Berliner Platz 27a, T 0251 484 01 70, www.radstation.de, Mo–Fr 5.30–23, Sa/So 7–23 Uhr, Mietrad 9 €/Tag (auch Tandem (20 €) und E-Bikes (25 €) sowie Werkstatt
**Swapfiets:** Aegidiistr. 46, 🕮 Karte 2, E 4, https://swapfiets.de, Mo–Fr 11–19, Sa 11–15 Uhr, Mietrad ab 14,90 €/Monat plus Anmeldegebühr (für längere Aufenthalte, mit kostenloser Reparaturgarantie)
**Drahtesel:** Karte 2, F 3, Servatiiplatz 7, T 0251 51 12 28 (Laden), T 0251 484 04 04 (Werkstatt), www.drahtesel-muenster.de, Laden: Mo–Fr 10–19, Sa 10–16 Uhr, Werkstatt: Mo–Fr 8–19, Sa 10–16 Uhr. Großer Verkaufsladen mit separater Werkstatt (Salzstr. 35), kein Verleih

## Stadtführungen

Das Angebot ist sehr groß. Für Einzelgäste gibt es viele offene Führungen zu festen Terminen ohne Voranmeldung. Gute Anbieter sind:
**Stadt Lupe:** Windthorststr. 7, T 0251 59 06 87 60, www.stadtlupe-muenster.de. Zu den Klassikern gehört die offene Altstadtführung tgl. um 11 Uhr (12 €), die eine sehr gute Einführung für Münster-Besucher:innen ist. Interessant sind auch die ganzjährig stattfindenden Krimiführungen (Fr/Sa/So 15 Uhr, 15 €) zu den Drehorten von »Tatort« und »Wilsberg«.

*In Münsters Zentrum sind Fahrrad-Parkplätze knapp. Und auch das Radparkhaus am Hauptbahnhof ist gut gefüllt.*

**StattReisen Münster:** Rothenburg 47, T 0251 41 40 333, www.stattreisen-muenster.de. Seit 1989 bietet StattReisen zu zahlreichen Themen und Stadtteilen sehr gut recherchierte Touren an, die häufig überraschende Einblicke in das aktuelle Leben und die Vergangenheit der Stadt Münster liefern.

Klassiker sind der **Nachtwächter-Rundgang** ab Rathaus sowie die **Krimiführung** »Krimistadt Münster« (ab 12 €); auch Radführungen für Gruppen.

**K3 Stadtführungen:** Alter Steinweg 31, T 0251 459 33, www.k3.de/muenster. Stadtführungen (ganzjährig Sa 11, 14 Uhr, April–Sept. tgl. 14 Uhr, April–Nov. auch Sa 16 Uhr, 14€) sowie u. a. kulinarische Führungen, Rad- und Hafentouren sowie Krimi-Rundgänge (ab 17 €).

### Stadtrundfahrten

**Der Münsterbus:** T 02594 909 67 93, www.muensterbus.ms, 14,50/7,50€ (Tagesticket). Der rote Doppeldeckerbus verkehrt als sogenanntes Hop-On-Hop-Off-Angebot von April bis Oktober täglich, sonst nur Fr–So, u. a. ab Domplatz und Hauptbahnhof. Angesteuert werden auf der 50-minütigen Rundtour insgesamt 12 Stationen in der Altstadt, am Schloss und am Aasee.

**Kombitickets** ermöglichen zusätzlich eine **Schiffstour** mit der Solaaris auf dem Aasee (23,50 €; Kasten ▶ S. 57).

**Prinzipal-Express:** T 0172 530 78 32, www.prinzipal-express.de, ab 6 € (20 Min./Pers.). Mit den fast lautlosen Elektrokutschen werden Gäste stilvoll durch die Altstadt gefahren. Inklusive Abstecher zum Schloss und zum Aasee sind 9 €/Pers. (30 Min.) fällig. Weitere Möglichkeiten finden Sie auf der Website. Kinder (3–9 Jahre) zahlen die Hälfte. Sie können sich einfach zurücklehnen und die Stadt an sich vorbeigleiten lassen!

**Leezen Heroes:** T 0251 93 21 95 95, www.leezenheroes.de. In der Radstadt Münster sind Fahrradrikschas ein logisches Angebot. »Leeze« ist das Münsteraner Wort für Rad. Stadtrundfahrten ab 39 € (30 Min, 2 Pers.). Auch Leezen-Taxi-Angebot.

# O-Ton Münster

Hütet euch vor Münster
*Gelangweilte Studenten 1958*

**»Ekki, die Autoschlüssel«**

*Privatdetektiv Georg Wilsberg ›leiht‹ sich wieder mal das Auto von Freund Ekki Talkötter*

JOVEL

gut
*(Masematte)*

essen
*(Masematte)*

*schovel*

schlecht
*(Masematte)*

*Leeze*

Fahrrad
*(Masematte)*

tanzen
*(Masematte)*

*picheln*

trinken
*(Masematte)*

*gued gaohn*

*Mach's gut / Auf Wiedersehen*
*(Plattdeutsch)*

**»Wo geht es hier zum Schloss?«**

*Erstsemester auf der Suche nach der Univerwaltung*

**»Jetzt sterben Sie mal ruhig. Ich rufe Sie dann später an.«**

*Typische Bemerkung von Tatort-Kommissar Frank Thiel zum hassgeliebten Pathologen Karl-Friedrich Boerne*

**Das Klima im Blick**

Reisen bereichert und verbindet Menschen und Kulturen. Wer reist, erzeugt auch $CO_2$. Der Flugverkehr trägt in erheblichem Maße zur globalen Erwärmung bei. Wer das Klima schützen will, sollte sich – wenn möglich – für eine schonendere Reiseform entscheiden oder die Projekte von atmosfair unterstützen. Flugpassagiere spenden einen kilometerabhängigen Beitrag für die von ihnen verursachten Emissionen und finanzieren damit Projekte in Entwicklungsländern, die dort den Ausstoß von Klimagasen verringern helfen (www.atmosfair.de). Auch die Mitarbeiter des DuMont Reiseverlags fliegen mit atmosfair!

## Abbildungsnachweis

akg-images, Berlin: S. 120/6, 120/8 (Bildarchiv Steffens)
DuMont Bildarchiv, Ostfildern: S. 33, 66, 72, 92 (Arthur F. Selbach)
Fotolia, New York (USA): S. 52 (ErnstPieber); 63 (Kitty); 41 (Martin Debus); 38 (olly); 59 (photofranz56)
Hof zur Linde, Münster: S. 91 (Christiane Löfken)
Huber-Images, Garmisch-Partenkirchen: S. 44 (Reinhard Schmid)
iStock.com, Calgary (CA): S. 8/9 (unimatrixZxero)
laif, Köln: S. 81 (Christoph Goedan); 106 (Daniel Pilar); 84 (Dirk Eisermann); 103 (Ingo Rappers); 14/15, 53 (Malte Jaeger); 87 (Martin Kirchner); 25 (Michael Trippel); 120/5 (Polaris/Piero Olios); 48, 113 (Tania Reinicke); 95 (Dagmar Schwelle)
Lookphotos, München: S. 36 (Brigitte Merz); 67, 73, 83 (Heinz Wohner); Umschlag, Faltplan (Jörn Sackermann); 20 (robertharding); 7, 65 (Sabine Lubenow)
MATO, Hamburg: S. 104 (Sabine Lubenow)
Mauritius Images, Mittenwald: S. 120/2 (Alamy/Jaguar); 4 u. (Alamy/Martin Bond); 120/3 (Alamy/Stephen Bartholomew); 35 (Alamy/Ukraft); 42 (foodcollection); 69 (imagebroker/Konrad Wothe); 70 (imagebroker/Wilfried Martin); 79 (Werner Otto); 98 (Westend61/Knut Schulz)
picture-alliance, Frankfurt a. M.: S. 40 (Arco Images GmbH/C. Huetter); 96 (Arco Images GmbH/W. Wirth); 47 (augenklick/firo Sportphoto/Jürgen Fromme); 23, 29, 50 (dpa/Bernd Thissen); 24, 32, 56, 120/4 (dpa/Caroline Seidel); 120/7 (dpa/Christian Charisius); 12/13, 27 (dpa/Daniel Kalker); 57, 60, 120/9 (dpa/Friso Gentsch); 86 (dpa/Marcel Kusch); 4 o., 77 (dpa/Rolf Vennenbernd); 108 (Ralph Goldmann)
Presseamt Münster: S. 16/17, 28, 62, 100 (Angelika Klauser); 49 (MünsterView)
Shuttertstock.com, Amsterdam (NL): S. 74 (Mehmet Emin Ergene)
Sleep Station, Münster: S. 88 (Alina Warnecke)
Wikimedia Commons: S. 120/1 (CC-PD)
Zeichnungen: S. 5 (Antonia Selzer, St. Peter); 2, 11, 21, 26, 42, 47, 65, Umschlagklappe hinten (Gerald Konopik, Mammendorf)
© Succession Picasso/VG Bild-Kunst, Bonn 2023: S. 29 Gemälde im Picasso Museum Münster, Pablo Picasso. © VG Bild-Kunst, Bonn 2023: S. 32 „Electric Rose“, Otto Piene; 28 Toilettenanlage Münster, Hans-Peter Feldmann

**Kartografie:** © KOMPASS-Karten GmbH, A-6020 Innsbruck; DuMont Reiseverlag, Ostfildern

## Umschlagfoto

Titelbild: Kreativkai im Hafen am Dortmund-Ems-Kanal

**Hinweis:** Autor und Verlag haben alle Informationen mit größtmöglicher Sorgfalt geprüft. Gleichwohl sind Fehler nicht vollständig auszuschließen. Alle Angaben erfolgen ohne Gewähr. Bitte schreiben Sie uns! Über Ihre Rückmeldung zum Buch und Verbesserungsvorschläge freuen sich Autor und Verlag:
**DuMont Reiseverlag,** Postfach 3151, 73751 Ostfildern,
info@dumontreise.de, www.dumontreise.de

4., aktualisierte Auflage 2024

Autor: Matthias Eickhoff
Lektorat: Silke & Tobias Büscher, Britta Rath
Bildredaktion: Stefan Scholtz
Grafisches Konzept: Eggers+Diaper, Potsdam
Printed in Poland

# Kennen Sie die?

**9 von 320 000 Münsteranern**

**Annette von Droste-Hülshoff**
Schriftstellerin (1797–1848) und Autorin der »Judenbuche« und von »Der Knabe im Moor«

**Franka Potente**
Filmschauspielerin (geb. 1974), u. a. in »Lola rennt« und »Die Bourne Identität«

**Ingrid Klimke**
Wurde genau wie ihr Vater Reiner Olympiasiegerin im Dressurreiten

**Martje Saljé**
Arbeitet seit 2014 als Türmerin von Lamberti auf Münsters höchstem Arbeitsplatz

**Johannes Oerding**
Huttragender Popstar (»An guten Tagen« und »Alles brennt«)

**Kardinal von Galen**
Predigte 1941 gegen das Euthanasie-Programm der Nazis

**Steffi Stephan**
Langjähriger Bassist in Udo Lindenbergs Panikorchester und Jovel-Gründer

**Bischof Liudger**
Gründete 805 das Bistum Münster und gilt seither als Stadtvater

**Trauer-Schwänin Petra**
Herzzerreißendes Liebesdrama 2006–08 zwischen einer schwarzen Schwänin und einem weißen Schwan-Tretboot